부동산 주식 코인
그 위에 절약

부동산 주식 코인
그 위에 절약

부자로 가는 첫걸음

생활 밀착형 재테크

이혜경 지음

마인드빌딩

프롤로그

코로나19 사태가 발생한 후 우리는 지난 몇 년 동안 마스크 쓰기의 일상화, 재택근무 등 수많은 일을 처음 겪었다. 재테크 분야만 한정해서 보면, 2021년과 2022년을 거치는 동안 주식, 부동산, 가상화폐 시장이 정신없이 오르락내리락한 여파로 우리들 다수는 그야말로 천당과 지옥을 오갔다고 해도 과언이 아니다. 코로나19 사태로 경제가 허약해지자 각국 정부는 돈을 풀어서 경기를 부양하려고 애를 썼는데, 시중에 돈이 잔뜩 풀리며 경제와 물가가 들썩이기 시작하고 2022년 들어 러시아와 우크라이나 간의 전쟁이 일어났다.

전 세계적으로 인플레이션이 심해지면서 자고 일어나면 물가가 뛰어오르고 있다. 인플레이션을 잡기 위해 각국의 중앙은행들은 기준금리를 인상하며 대응하기 시작했다. 그동안 저금리 시대를 즐기며 가벼운 마음으로 금융투자 또는 내 집 마련을 위해 대출을 받았던 사람들은 이제 높은 물가, 고금리, 부진한 투자시장이라는 이중고, 삼중고를 겪고 있다.

우리를 둘러싼 경제적 여건이 이처럼 심상치 않다 보니 한동안 시시한 재테크 방법으로 외면받았던 절약과 저축이 다시금 주목받는 시기가 도래했다. 역시 세상사란 돌고 도는 것인가.

요즘 시대에 저축이란 스마트폰 금융 앱을 통해 터치 몇 번만 하면 가입할 수 있는 간단한 재테크 방법이다. 나 같은 X세대가 어릴 때 처음 마주했던 저축과는 약간 다르다. 어렸을 때 저축의 시작은 돼지저금통에 동전을 넣는 것이었다. 하루하루 돼지저금통에 동전을 넣는 순간이면 신났고, 매일 돼지를 흔들어볼 때마다 묵직해지는 기분도 흐뭇했다. 돼지저금통이 마침내 동전으로 가득 차는 날이 오면 의기양양한 표정을 지으며 돼지저금통을 들고 집 근처 은행에 갔다. 그러면 은행 창구에서 일하는 언니나 오빠가 대견하다고 칭찬을 해준 다음, 돼지 뱃속에 들어 있는 동전을 기계에 우르르 쏟아 얼마인지 셌다. 이런 흥미로운 구경거리를 잘 감상하고 나서 입금된 통장을 받아들고 집으로 돌아오는 길에는 콧노래가 절로 나오고 발걸음마저 가벼웠다.

스마트폰 터치 몇 번이면 해결될 저축에 비해 오프라인 중심 저축 행위가 번거롭게 느껴질 수도 있겠지만, 나름대로 장점도 있다. 예/적금 통장을 쉽게 해지하기 어렵다는 것이다. 가득 채운 돼지 저금통을 낑낑대며 들고 직접 은행까지 가서 어렵게 얻은 저금통장인데다, 해지하려면 다시 은행에서 번거로운 절차를 거쳐 해지해야 했으니 말이다.

하지만 지금은 스마트폰만 들면 예/적금에 가입하기도, 해지하기도 쉽다. 문명의 이기를 쓴다는 편리함은 진득한 인내심을 잡아먹는다는 양면성도 지니고 있는 것이다. 그래서 어쩌면 지금 시대에 다시 돌아온 절약과 저축을 우리의 꾸준한 친구로 남기기 위해서는 좋은 예/적금 상품을 그냥 소개해주는 것보다, 절약과 저축을 지속할 수 있는 마인드 트레이닝이 더 필요한 것일 수 있다.

이 책은 바로 이 지점에서 출발했다. 이 책을 선택한 여러분은 휘발성 즐거움만 남기는 소비형 소확행(작지만 확실한 행복)보다, 오래오래 잔향을 남겨주는 저축·투자형 소확행의 은은한 기쁨을 알고 있을 것이다. 소비하고 싶을 때 실컷 사는 편한 길을 버리고, 미래를 위해 외롭고 험난한 저축·투자의 길을 택한 여러분이라면 저축하는 과정에서 덜 외롭고, 지루함도 느끼지 않았으면 좋겠다. 사 먹고 놀러 다니는 것보다 저축이라는 인내심 요하는 길을 기꺼이 선택한 여러분이라면 분명 즐겁게 절약하고 저축할 권리가 있다.

이 책과 함께 60일, 두 달 동안 재미있게 절약하고 저축하는 여정을 마치면 절약과 저축은 어느새 여러분의 습관이 되어 있을 것이다. 목표 달성 후에는 목돈과 더불어 뿌듯함까지 느낄 수

있을 것이다. 두 달 동안 절약과 저축 마인드를 기르는 챌린지가
이제 시작된다. 여러분은 혼자가 아니다.

DAY **0**	# 100만 원 챌린지 활용 예시
check! ✔	📋 **To Do List** → (하루치 생활밀착형 절약 목표 쓰기) ☐ 외출할 때 불 끄기 ☐ 커피 한 잔 덜 마시기 – 5,000원 절약! ☐ 양치할 때 컵 사용하기

DAY 0

지갑에서 돈이 새어 나가는 까닭은

check!

☐

🗓 **To Do List**

☐
☐
☐

100만 원 챌린지를 시작하는 여러분은 이제 아끼고 덜 쓰고 어떤 것은 아예 쓰지 말라는 얘기를 계속 듣게 될 것이다. 챌린지에 투입될 저축자원을 최대한 확보하려면 새어 나가는 돈을 막아야 해서다. 대체 무엇 때문에 우리의 지갑에서 돈이 새어 나가는 것일까?

우리가 살아가는 자본주의 시스템 안의 인간은 자본을 보유하고 있을 때에만 우월한 존재로 인정받는다. 노동자는 본래 이 시스템 안에서 열위에 자리한다. 하지만 월급을 받아 약간의 자본을 확보하는 순간 어떤 상품이든 소비할 권리를 지닌 '소비자'라는 우월한 지위를 손에 넣게 된다. 월급이란 기업이 생산한 상품을 구매하도록 만드는 자본주의 시스템의 윤활유 같은 존재다. 소비가 이뤄지지 않으면 자본가가 상품을 팔아 이윤을 남길 수 없기 때문이다.

철학자 강신주는 그의 책 『철학이 필요한 시간』에서 이와 같은 소비의 메커니즘을 설명한다. 이 책에 의하면 그런 이유로 자본가는 자본 일부를 임시적으로나마 노동자에게 월급으로 준 뒤 상품 판매 대금으로 회수하고자 하며, 다양한 유혹의 기술을 개발하는 데 몰두한다. 이미 우리에게 준 돈을 강제로 뺏을 수는 없으니 남은 길은 자발적으로 소비하게끔 유혹하는 방법밖에 없다는 것이다. 특히 이 책은 어두운 밤바다의 집어등集魚燈처럼 화려하기만 한 대중문화가 바로 여기에서 비롯되었다는 사실을 일깨운다. 우리가 영화, 드라마, 축제, 대중음악, 광고 등등 대중매체가 던져놓은 화려함에 시선을 빼앗기곤 하는데, 대중매체를 통해 우리가 보고 있는 모든 것은 가장 모던하고 새로운 것, 이것들을 가지기만 하면 가장 눈에 띄는 사람이 될 것 같은 착시 효과를 준다고 일갈한다.

그렇다. 마음의 상처를 느낄 때마다 빨간약을 발라 위로하듯 소비한 것이 우리 마음 환부처럼 위장한 기업의 곳간으로 들어갔다는 얘기다. 문득 떠오르는 용어가 있지 않은가? 속된 말로 '시발비용'이라고 하는 바로 그 말이다. 뭔가 스트레스 받는 일이 있을 때 나를 위로한다는 명목으로 쓰게 되는 비용이 이것인데, '시발비용'마저도 우리 지갑을 노리는 기업들의 농간에 끌려간 결과였다니. 이건 너무 슬픈 얘기가 아닌가.

의식주 비용처럼 꼭 써야할 곳에는 당연히 써야 한다. 하지만 나도 모르는 사이에 자본주의의 노예가 됐다면 곤란하다. 자본주의에 끌려갈 게 아니라 삶을 내가 원하는 방향으로 이끌어야 한다. 우리가 아끼고 불편을 감수하며 돈을 모으려는 것은 행복하기 위해서다. 우리의 목표는 적당한 수준에서 잘 모아서 나와 가족, 친구가 함께 행복을 지킬 수 있는 안전판을 만드는 것이어야 한다. 이를 위한 첫걸음이 바로 이 책의 60일, 두 달간 100만 원 목돈 만들기 챌린지라는 것을 꼭 염두에 두자.

차례

PART 1
마음 준비 운동

DAY 1	목표 달성 다짐하기
check! ☐	👟 To Do List ☐ ☐ ☐

두둥! 이제 여러분은 대망의 60일간 100만 원 목돈 만들기 챌린지를 시작했다. 시작이 반이니 100만 원 챌린지를 성공하는 일만 남았다.

여러분이 가장 먼저 할 일은 다양한 형태의 100만 원 만들기에 돌입하는 것이다. 자유적금에 가입해서 매일 직접 이체하거나, 한꺼번에 100만 원을 정기예금 형태로 넣을 수도 있다. 혹은 현금 100만 원을 목표로 매일 봉투에 모아도 된다. 자신에게 약간의 강제성이 필요하다면 지금 바로 정기예금이나 정기적금에 가입해도 좋다.

혹시라도 잘 모르는 분들을 위해 기초 설명을 드린다. 예금은 통장에 돈을 넣어두는 것이다. 가장 흔한 건 자유입출금 계좌로 언제든지 돈을 넣었다 뺐다 할 수 있다. 하지만 지금 당장 목돈이 있다면 그 돈을 은행에 정해진 기간 동안 넣어두고 그 기간이 지나면 이자를 받을 수 있다. 이렇게 하면 같은 금액을 자유입출금 계좌에 넣어놓을 때보다 이자가 더 많다. 다만 이 책을 읽는 여러분은 목돈이 없을 가능성이 높으므로, 이런 것이 있다는 것만 알고 넘어가자.

적금은 정기적으로 같은 금액을 입금하는 저축이다. 100만 원 만들기를 위해 매달 꼬박꼬박 10만 원씩 입금하는 저축 계좌를 만들려고 한다면 적금 계좌를 만들면 된다. 금액은 가입하는 사람이 마음대로 정하면 된다. 자유입출금 계좌에 매달 같은 금액을 입금해도 되는데 굳이 적금 계좌를 새로 만드는 이유는 무엇일까? 우선, 같은 금액을 정기적으로 입금한다는 동일한 행위라도 자유입출금 계좌보다 적금 계좌의 이자율이 더 높기 때문이다. 또한 적금은 은행과 내가 정해진 기간 동안 약속한 금액을 정해진 날짜에 입금한다고 굳게 약속하는 것이다. 무려 '계약'을 맺는 행위다. 따라서 계약에 따른 강제성이 있어서 진지한 마음으로 이를 이행할 가능성이 커진다. 물론 상황에 따라 필요하면 언제든지 정기적금이나 정기예금은 해지할 수 있다. 그 대신 중간에 해지하면 불이익이 있다. 정해진 기간을 채우지 못했기 때문에 이자는 처음 약속했던 것보다 적어진다. 자유입출금 계좌에 넣어놓았을 때와 비슷한 수준이라고 생각하면 된다.

자, 이제 준비가 되었는가? 그렇다면 이제 두 달 후 목표 금액을 꼭 채우기로 다짐한다. 매일 이 책을 읽어보며 뿌듯한 표정으로 책을 덮는 자기 모습도 떠올려본다. 완주 후 자랑스러워하는 모습도 상상해본다. 두 달 후 이 자금으로 뭘 할지 생각하자. 전액 다시 예금하는 것도 좋고, 일부를 떼어내 맛집에 가도 된다.

이제 다음과 같이 종이에 쓴다. "나는 60일, 두 달 후에 100만 원을 모으겠습니다. 다 모이면 ○○○○를 할 계획입니다." 저축 금액은 매번 달라도 된다. 단, 너무 쉬운 금액보다는 이만큼 저축하면 생활비가 약간 빠듯한 규모를 권한다. 각오를 적은 종이 하단에 '20**년 모월 모일 ○○○○'라고 자필 서명한다. 이때 본인 서명 옆에 가족이나 친구의 사인이나 격려 문구를 함께 받자. 이 종이는 책상 앞, 냉장고, 현관문 등 눈에 잘 띄는 자리에 붙인다. SNS 계정이 있다면 본인의 SNS에 각오를 한 줄 올린다. 목표 금액을 적은 사진도 인증 샷으로 함께 SNS에 올린다. 동일하거나 비슷한 프로젝트에 참여한 다른 동지들의 SNS를 발견하면 격려 댓글을 써본다. 이 책의 기본 목표는 저축과 절약 습관 형성이다. 성공하면 다음 단계인 투자로 넘어갈 바탕이 된다.

동기 돌아보기

🧹 **To Do List**

☐
☐
☐

지난 1일차에 여러분은 계좌 만들기 등 100만 원 챌린지에 나서는 위대한 한 걸음을 내디뎠다. 2일차를 맞은 여러분이 챌린지에 왜 참여했는지 이유를 잠깐 생각해보자. 새 운동화 사기, 애인에게 생일 선물할 자금 마련하기 같은 소박한 희망일 수도 있고, 명품백, 슈퍼카, 유럽에 있는 미슐랭 쓰리스타 레스토랑 방문 같은 부푼 꿈 때문일 수도 있다. 어쩌면 보다 장기적인 시각에서 내 집 마련, 세계 일주, 조기 은퇴, 사업 성공 같은 원대한 꿈을 향한 기초 다지기를 준비하는 차원일 수도 있겠다. 뭐든 좋다. 챌린지 참여의 이유는 한 가지만 찾을 필요는 없다. 생각나는 것을 다 떠올려보자. 이제 떠오른 이유들을 일, 가정, 건강, 재정, 취미, 기타 등 분야를 나눠서 정리해본다.

이번에는 단순히 모은 돈을 어디에 쓸 것인지에서 벗어나 지금까지 여러분의 저축 습관에 대해서 생각해보자.

- 내게 저축 습관이 왜 필요한가?
- 그동안 나는 저축을 안 했나 못했나?
- 저축 안 하던 내 생활에는 어떤 문제가 있었나?
- 문제점이 있었다면 앞으로 어떻게 바꾸고 싶은가?
- 이번 100만 원 챌린지를 무사히 완주해서 저축 습관이 생기면 앞으로 내 인생에는 어떻게 도움이 될까?

생각만으로 끝내지 말고 어딘가에 이를 정리해보자.

이번에는 죽기 전에 꼭 하고 싶은 일을 한 번 생각해본다. 세계 일주, 10억 모으기, 우주여행 등 뭐든 좋다. 상상에는 제한을 두지 말자. 어릴 때 꿈이 행성 간 부동산을 중개하는 사람이 되고 싶었다던 어떤 사람 이야기가 떠오르는데, 수십 년 후에는 이런 일이 실제로 가능해질지 누가 알겠나? 세계 최고 부자 일론 머스크의 회사 중에는 우주 관광 사업을 추진하는 회사가 실제로 존재한다.

이제 100만 원 챌린지에 참여한 동기를 다 떠올려봤다면, 이 내용을 꼼꼼히 적어서 1일차에 작성했던 챌린지 완주 다짐과 나란히 붙인다.

　이제 일일 목표금액을 저축 계좌에 이체하거나, 이미 목돈을 넣어둔 통장을 확인하고 동기를 돌아본 내용을 적은 종이와 일일 목표 금액 인증 샷을 함께 찍어서 SNS에 올린다. 앞으로 목표 금액 인증 샷 올리기는 챌린지 기간 동안 매일 반복한다.

DAY 3	하루 씀씀이 돌아보기
check! ☐	✍ To Do List ☐ ☐ ☐

3일차를 맞은 오늘의 할 일은 24시간 동안의 여러분의 씀씀이를 구체적으로 정리해보는 것이다. 누구를 만나 어디에 가서 뭘 먹고 무엇을 했는지 떠올려보면 된다.

출근길에 편의점에서 산 샌드위치나 김밥, 커피는 모두 얼마였지? 늦잠을 자서 허둥지둥 뛰어나와 택시를 탔다면 그 택시비는 얼마였나? 점심 식사 시간에는 누구와 어디서 뭘 먹었는지도 생각해보자. SNS에서 난리가 났다는 맛집에 줄을 섰는가? 가격은 좀 나가지만 시그니처 메뉴를 꼭 먹어보고 싶어서 약간 무리를 했는가? 식사 후 디저트로 뭘 먹거나 마셨다면 역시 기록한다. 밥보다 더 비싼 예쁜 디저트 가게에 가서 기분을 내지는 않았는가? 식당이나 후식을 먹을 때는 내 몫만 샀는지, 동료들에게

"오늘은 내가 쏜다"며 모두 샀는지도 생각해서 메뉴와 가격을 기재한다.

이제 신나는 퇴근 시간이 되었다. 퇴근 후 약속이 있었다면 모임에서는 회비를 냈나? n분의1로 계산을 했나 아니면 각자 먹고 싶은 것을 먹고 자기가 먹은 것을 알아서 계산했나? 후배와 만났다면 후배에게 사주었는가? 1차에서 끝냈나, 2~3차까지 갔나? 대중교통이 끊겨서 택시를 탔는가? 혹은 출근할 때 몰고 온 차 때문에 대리기사를 불렀는가?

아무 약속이 없어서 퇴근 후 바로 귀가하다 마트에 들렀을 수도 있겠다. 마트에서는 뭘 샀나? 늘 사던 것을 습관적으로 집었는가? 동일한 유형이라도 가성비가 좋은지 여러 제품을 놓고 무게당 가격을 비교해 보고 샀나? 가격보다는 유기농이나 국산 한우 같은 좋은 재료 위주로 선택해서 샀나? 갑자기 마감 세일을 한다는 방송이 나와서 예상에 없던 지출을 했나? 계산대 앞에서 줄을 서서 기다리다가 껌, 젤리, 초콜릿 같은 자잘한 간식이 눈에 띄어서 한 봉지 집어 들었나? 마트에 들르지 않고 바로 귀가를 했다면 저녁 식사를 하고 쉬다가 늦은 밤 출출해져서 치킨이나 족발을 배달시켰는가?

이런 식으로 가급적 상세하게 하루 씀씀이를 정리해본다. 영수증을 안 챙겼거나 카드 결제 내역이 없어 얼마나 썼는지 모르겠다면 이 또한 사실대로 종이에 기재한다. 요즘엔 문자메시지나 모바일 앱으로도 결제 내역을 받아볼 수 있으니 아직 받지 않는 사람은 이제라도 카드 회사나 금융 앱을 통해 신청해서 받도록 하자.

　여러분의 돈 쓰는 습관이나 패턴을 이번 24시간 정리로 구체적으로 살펴보았다면, 본인의 씀씀이 중에서 줄일 수 있는 부분이 있는지 찾아보자. 줄일 만한 여지가 있다면 어떤 방식으로 절약하면 좋을지 생각해보자.

한 달 씀씀이 돌아보기

⚙️ **To Do List**
□
□
□

지난 3일차에 24시간의 씀씀이를 살펴보았는데, 이번에는 최근 한 달간의 씀씀이를 들여다볼 차례다. 지난 한 달 동안 어떤 식으로 돈을 썼는지 정리해본다.

• 식사

한 달에 외식은 몇 번 하는가? 주로 어떤 식당에 가는가?
먹는 음식의 가격대는 어느 정도인가?

• 음식 배달

배달 음식을 한 달 동안 몇 번이나 시켰는가? 주로 가격대가 얼마인 음식을 배달시키는가? 배달비 등 추가 금액은 얼마나 지불했는가?

• 쇼핑

한 달 동안 마트에서 장을 본 금액은 총 얼마였는가? 생필품 구매에는 얼마가 들었는가? 충동적으로 구매한 경우는 몇 번이며 금액은 어느 정도였는가? 구매하려고 계획했던 물건만 정확하게 사는 편인가 아니면 둘러보다가 관심이 생기는 물건을 사는 편인가? TV홈쇼핑이나 인터넷쇼핑, 소셜커머스 방송을 즐겨보는가? 시청하다가 좋아 보이는 물건이 나오면 주문하는 경우가 많은가?

• 소비 습관

여행을 가거나 모임에 참석해서 들어간 비용도 정리해본다. 학원이나 헬스클럽, 수영장 등에 다닌다면 결석을 몇 번 했는지, 성실하게 잘 다니고 있는지도 적어본다. 친구들을 만나면 더치페이를 하는가, 아니면 본인이 한 턱 내는 편인가? 남들이 계산하는 꼴은 죽어도 못 보는 편인가, 아니면 계산할 때가 가까워지면 조용히 화장실에 갔다가 천천히 나오는 편인가? 가계부를 쓰고 있는가? 신용카드를 쓰는가, 체크카드를 쓰는가? 아니면 현금만 쓰는가? 물건을 구입할 때는 할부로 구입하는가, 일시불로 결제하는가? 카드사에서 3~6개월 무이자 할부 이벤트를 한다고 하면 편안한 마음으로 구매하는가?

· 통신비

통신비는 얼마나 되는가? 꼭 필요한 서비스만 골라서 이용하는가 아니면 최신 스마트폰을 쓰기 위해 굳이 비싼 요금제를 이용하는가? 스마트폰을 교체할 때는 24개월 할부로 사는가 일시불로 기기 값을 내고 통신요금만 내는가? 혹은 알뜰폰을 사용하는가?

· 취미 비용

PC온라인 게임이나 모바일 게임을 종종 한다면 '현질'을 자주 하는가? 취미 활동에 월 평균 얼마나 쓰는가? 반려동물을 키운다면 본인은 라면으로 끼니를 때울지언정 반려동물을 위한 사료나 간식, 장난감 등을 살 때는 아낌없이 쓰는 편인가?

· 자금 관리

저축이나 투자를 한다면 이자율이나 수익률이 어느 정도인가? 각종 예/적금이나 신용/체크카드를 만들 때는 여러 금융사의 상품을 두루 비교하고 선택하는가 아니면 대충 고르거나 지인이 권하는 것을 따라서 하는가? 보험에 가입할 때는 직접 필요에 의해 상품을 선별하는가 아니면 필요는 없지만 보험사에 근무하는 지인의 부탁을 들어주었는가? 주식 투자를 한다면 매수할 종목이나 시장 상황을 열심히 공부한 다음에 신중하게 선택하는가 아니면 지인이나 주식 방송에서 괜찮다고 추천하는 것을 따라서 사는 편인가?

이와 같이 일목요연하게 적어본 다음, 본인의 씀씀이가 과하다 싶으면 무엇을 줄일지, 어떻게 바꾸면 좋을지를 생각해보자.

DAY 5	순자산 규모 점검해보기
check! □	♨ To Do List □ □ □

이제 자신이 수입을 어떤 식으로 사용하는지 어느 정도 파악했을 것이다. 그렇다면 이번에는 여러분의 재정 상태를 한번 살펴볼 차례다.

예금과 적금, CMA(종합자산관리계좌) 등의 계좌에 들어 있는 현금성 자산은 각각 얼마이며 합하면 모두 얼마나 되는가? 주식이나 펀드, 가상화폐에 대한 투자, 음원이나 미술품 등 조각 투자를 하고 있다면 투자원금과 현재 수익률은 얼마이며 이에 따른 투자 자산의 현재 가치는 얼마인가? 달러나 유로 등 외화를 보유하고 있다면 현재 환율에 따른 원화 환산 금액은 얼마인가?

마이너스통장을 사용한다면 한도가 얼마이며 이자율은 얼마인가? 학자금대출이 있다면 그 금액과 이자율, 남은 상환기간은 얼마나 되는가? 전세 자금 대출이나 주택 담보 대출, 단순 신용 대출 등 현재 보유하고 있는 빚 규모는 각각 얼마이며 합계는 얼마인가? 본인이 보유한 모든 대출을 파악해서 원금과 연이율, 남은 상환기간 등을 정리해본다.

신용카드를 쓰고 있다면 월평균 카드 대금을 얼마나 내는가? 매달 할부금을 갚고 있는가? 그렇다면 그 금액은 매월 보통 얼마쯤 되는가? 카드론이나 리볼빙 서비스를 이용하는가? 저축은행이나 대부업체에서 대출을 이용하는가? 원금과 연 이자율, 매월 상환하는 금액은 얼마나 되는가?

보험 상품에 가입했다면 상품의 유형은 무엇이며 매달 얼마씩 쓰고 있는가? 순수 보장형 상품인가 저축성 상품인가, 실손형 상품인가? 혹은 엄마가 알아서 가입해주셔서 뭘 어떻게 하고 있는지 잘 모르는가?

여러 금융회사와 금융상품이 뒤섞여서 정리하려니 엄두가 나지 않는다면, 토스, 뱅크샐러드 같은 앱을 활용해도 된다. 앱에 본인이 거래하는 금융사에 대한 정보를 입력하면 알아서 각 회사별 자산 정보를 취합하여 일목요연하게 보여줄 것이다. 하지만 사람마다 상황이 다르기 때문에 아무리 훌륭한 금융 앱이라도 재정 현황을 100% 정확하게 반영하지 못할 수도 있다. 여기서 취합되지 않은 자산이나 대출 내역은 따로 정리해서 금융 앱으로 정리한 내역과 합해 본인의 자산과 대출 내역을 정확히 확인해야 한다.

세부적인 재정 상황을 빠짐없이 파악했다면, 이제 현재 본인의 전체 자산이 얼마인지 계산해본다. 자산에서 빚을 제외한 순자산은 얼마인가? 순자산이 훨씬 많다면 자신을 칭찬하자. 빚이 1원도 없다면 매우 훌륭하다. 만일 빚이 더 많은가? 그렇다 해도 좌절할 필요는 없다. 빚 없는 인생을 향해 내디딘 첫걸음을 축하하며 100만 원 챌린지 완주를 다시 한번 다짐하자.

DAY 6 재테크 첫걸음은 '저축'

check!
☐

🗒 **To Do List**
☐
☐
☐

재테크의 시작은 저축이다. 말은 참 쉽다. 저축은 의외로 의지가 필요하고 외로운 길이기도 하다. '티끌 모아 티끌'인데 쓸데없이 무슨 저축이냐는 친구들의 말 한마디에 기운이 빠지기 쉽기 때문이다. 하지만 이겨내야 한다. 한 귀로 듣고 한 귀로 흘려버리는 대범함이 필요하다. 중요한 것은 놀 때 함께 먹고 마신 친구들이 당신의 빈 지갑을 책임지지 않는다는 거다.

가난한 월급쟁이였지만 저축과 투자로 큰 부를 이룬 인물 중에 일본의 혼다 세이로쿠 도쿄대 교수가 있다. 과거의 인물이긴 하지만 그가 저서 『나의 재산 고백』을 통해 알려준 월급쟁이로 살아가며 큰 자산을 형성한 방법을 보면 지금도 배울 점이 적지 않다. 혼다 교수는 수입이 많든 적든 언제나 습관적으로 수입의 4분의 1을 저축했다고 한다. 요즘으로 치면 월급이 200만 원인 경우 50만 원은 저축하고 150만 원으로 생활했다는 이야기다. 혼다 교수는 누구도 저축이라는 관문을 통과하지 않고서는 부자가 될 수 없다고 강조한 인물이다. 그의 책『나의 재산 고백』에서 저축이란 그 방법이 무엇이냐가 아니라 실행하느냐 못하느냐의 차이라고 했다. 누구나 혼다 교수처럼 수입의 4분의 1을 뚝 잘라 저축할 정도의 강한 정신력과 실행력이 있지는 않을 것이다. 우리는 각자의 상황에 맞게 저축 비율을 정하되, 반드시 실행하려는 노력을 하면 될 것이다.

지금도 따라서 할 만한 혼다 교수의 저축 방법 중 하나를 소개하면, '일시적인 수입은 없는 셈치고 몽땅 저축한다'는 것이다. 혼다 교수가 스물다섯 살 무렵부터 시작한 저축법이라고 한다. 재산을 만드는 것의 근간은 근검절약이며, 이것 없이는 재산이라고 이름 붙일 만한 아주 미미한 재산도 마련할 수가 없다는 그의 조언은 지금도 통하는 재테크의 기본이다.

'영혼이 있는 투자자'로 유명한 존 템플턴 경은 혼다 교수보다 한 술 더 떴다. 그는 수입이 적을 때나 많을 때나 늘 수입의 50%를 무조건 저축했다. 나의 경우, 사회생활 초반 월급 160만 원을 받았을 때 100만 원을 뚝 잘라 저축하며 종잣돈을 모았다. 지금보다 물가가 한참 낮았던 시절이었지만 당시에도 60만 원으로 한 달을 사는 건 쉽지 않았다. 용감하게 종잣돈을 모으는 데 성공했던 과거의 나를 칭찬한다.

100만 원 챌린지를 해낸다면 여러분은 마무리까지 제대로 해내는 사람으로 거듭난다. 성취도 습관이다. 작은 성취감을 맛본 사람은 큰 성취감이 얼마나 신날지 충분히 예상할 수 있게 된다. 즉, 작은 성취는 큰 성취로 가는 발판이 된다. 누구에게나 충분한 잠재력이 있다.

DAY **7**	# 21일만 버티면 # 100만 원도 모은다
check! ☐	🗓 **To Do List** ☐ ☐ ☐

　'21일 법칙'이라는 게 있다. 이 법칙은 미국 캘리포니아 대학 언어학과 교수로 언어학자인 존 그라인더와 컴퓨터 공학자이자 심리학자인 리차드 밴들러가 창시한 'NLP^Neuro Linguistic Programming 이론'에 바탕을 두고 있다. 이 이론에 의하면 사람은 누구든지 21일 동안 어떤 일을 꾸준히 반복할 경우, 스스로는 의식을 못하지만 습관적으로 그 일을 계속 하게 된다고 한다.

　왜 21일일까? 사람의 생체시계에 변화가 오려면 최소한 21일이 걸리기 때문이다. 우리 뇌는 충분히 반복이 이루어져서 시냅스가 형성되지 않은 것에는 저항하곤 한다. 그런데 생각이 두뇌의 대뇌피질에서 뇌간으로 내려가기까지 걸리는 최소한의 시간이 바로 21일이라고 한다. 즉 우리 두뇌의 회로가 바뀌는데 최소한 21일이 걸린다는 이야기다. 그러므로 어떤 새로운 행위를 불편함 없이 할 수 있게 되려면 21일 동안 의식적으로 노력해야 한다. 이 기간만 넘기면 그동안 반복해온 행동을 굳이 의식하지 않아도 습관적으로 할 수 있게 된다는 게 핵심이라고 볼 수 있다.

자기계발 서적의 고전『성공의 법칙Psycho-cybernetics』을 쓴 성형외과 의사 맥스웰 몰츠 박사는 성공과 실패는 자아 이미지에 좌우된다고 이야기했다. 성형외과 의사가 뜬금없이 자기계발 책을 썼다니, 이유가 뭘까? 몰츠 박사는 수많은 시술과 임상을 경험하는 과정에서 외모가 바뀐 사람의 내면이 어떻게 변화하는지를 지켜볼 수 있었다. 그는 수술 후 어떤 사람들은 자신감을 얻어 긍정적인 인생을 살아갔지만, 또 어떤 사람들은 외모가 나아졌는데도 불구하고 계속해서 부정적인 자아, 실패에서 벗어나지 못하는 것을 알게 되었다. 이를 통해 몰츠 박사는 우리 내면에 각인된 불행과 실패의 자아 이미지를 바꾸어야 인생을 변화시킬 수 있음을 깨달았으며 이런 내용을 담아 자기계발 책을 저술했다. 몰츠 박사는 성공 목표를 설정하면 성공 메커니즘이 스스로 작동할 것이라며 21일 동안 성공 메커니즘 작동 5원칙을 숙지하고 따라할 것을 권고했다. 이 5원칙은 ①목표 세우기 ②신뢰하기 ③긴장 풀기 ④학습하기 ⑤실천하기로 이루어져 있다.

100만 원 챌린지를 제대로 해낼 수 있을지 걱정되는가? 일단 21일만이라도 해본다는 마음으로 시작해보자.

DAY 8

사자를 토끼로 만들자

check!

☐

☖ **To Do List**

☐
☐
☐

새로운 도전을 앞두면 두려워진다. 100만 원 챌린지에 나선 우리도 그렇다. 완주를 각오해도 마음속에서는 과연 해낼 수 있을까 의심이 스멀스멀 피어오른다. 걱정하지 마시라. 지극히 정상적인 반응이란다. 미국 UCLA 의대 교수로 『아주 작은 반복의 힘』을 쓴 임상심리학자 로버트 마우어에 의하면, 이는 우리의 의지가 약하고 정신력이 부실해서 그런 것이 아니라 뇌의 자동 방어 메커니즘 때문이다.

마우어 교수 연구에 따르면 원시시대 우리 조상들은 들판에서 사자를 만나면 즉시 도망쳐야만 생존했다. 그래서 우리 뇌는 위협적인 존재를 만나면 '싸울까, 도망칠까' 중에서 선택하도록 프로그램되어 진화했다. 그 결과 도망쳐야 하는 상황에서 우리 뇌는 대뇌피질 기능이 제한돼 두려움을 느끼게 된다.

우리의 뇌는 갑작스러운 변화를 생존에 대한 위협으로 받아들이므로, 마우어 교수는 목표를 이루기 위해서 뇌가 상황의 변화를 인지하지 못할 만큼 변화의 정도를 아주 가볍고 작게 해보라고 조언한다. 하루 30분 운동이 아니라 하루 1분 운동으로, 하루 60분 공부가 아니라 하루 5분 공부로 시작하라고 말이다. 너무나 작아서 변화라는 생각조차 들지 않을 정도로, 너무도 쉬워서 도전이라고 생각할 필요가 없을 정도로 아주 작고 가볍게 시작하라고 권한다. 그러한 변화에 뇌가 익숙해지면 조금씩 수위를 높여 가면 된다고 한다.

마우어 교수는 시험 합격, 다이어트 성공, 매출 실적 달성 등 오늘날 우리를 위협하는 '사자'에게 맞서려면 두뇌 자동 방어 메커니즘을 우회하면 된다고 설명한다. 이게 '스몰스텝' 전략이다. 큰 목표일수록 두려움에 바로 직면하게 돼 대뇌피질 기능 저하로 이어져 결국 포기하게 되지만, 작은 목표는 대뇌피질 기능이 정상 유지되기 때문에 성공할 가능성이 높아진다. 마우어 교수는 대뇌피질이 여전히 제 기능을 하면 대뇌가 변화에 필요한 소프트웨어를 만들고 실제로 새로운 신경망을 형성해 새로운 습관이 자리 잡도록 도와준다고 풀이했다.

부담스러운 일은
잘게 쪼갠다

☺ **To Do List**
☐
☐
☐

사람은 누구나 부담스러운 일을 나중으로 미루려는 경향이 있다. 일본의 습관화 컨설턴트 후루카와 다케시는 청크 다운Chunk Down과 베이비 스텝Baby Step으로 이런 습관을 개선할 수 있다고 조언한다. 청크 다운은 해야 할 일을 작게 나눠 구체화하는 것이고, 베이비 스텝은 아기가 한 걸음씩 발을 내딛듯이 작게 시작하면 된다는 뜻이다.

후루카와 다케시에 따르면, 일을 맡으면 완성 이미지와 과정을 상상하고 역산하면서 귀찮고 부담스럽다는 감정이 솟아나 그 고통을 회피하려고 뒤로 미루게 된다고 한다. 따라서 행동하기 전에 이런 단계를 간소화하거나 시간을 줄여 심리적 부담을 낮출 필요가 있는데, 이 사고 배선을 다시 짜는 게 베이비 스텝이다. 작업별 시간 제한하기, 목표 난이도 낮추기 등이 있다. 작업별 시간 제한의 경우, 후루카와 다케시는 아주 부담스러운 일은 딱 5분만 해보기를 권한다. 우리 뇌는 멈춰 있을 때는 행동하지 않을 이유를 찾지만 움직이기 시작하면 계속할 이유를 찾는다고 한다.

후루카와 다케시는 '처음 한 걸음'이 중요하다고 이야기한다. 일단 시작하면 의욕은 자연히 생긴다는 것이다. 행동을 '0'에서 '1'로 옮기는 데는 매우 큰 힘이 필요하지만, '1'에서 '2'로 그리고 '3'으로 옮기는 데는 그다지 많은 힘이 필요하지 않다고 한다.

아울러 귀찮다, 하기 싫다, 두렵다, 힘들다는 감정은 해야 할 일 전체를 볼 때 생기는 감정인데, 전체를 세분화하면 하나하나의 일은 결코 크지 않다는 느낌을 받을 수 있다고 한다. 잡다하고 시간이 많이 걸리는 일일수록 미루기 쉬우므로, 그럴 때는 해야 할 일을 작게 조각내라는 게 그의 권고다. 목표 난이도 역시, 집 청소라는 큰 주제는 엄두가 안 날 수 있지만 '방 하나만 청소하기'처럼 목표를 작게 하면 시작하기 쉽다는 것이다.

그는 어떤 습관을 새로 들이려고 할 때는 안정된 선에 이를 때까지 그 행동을 '제로'로 하는 상황만 피하라고 조언한다. 제로가 되면 재가동하는 데 매우 많은 힘이 필요하기 때문이다. 예를 들어 윗몸일으키기를 10개씩 꾸준히 하는 일을 도전하고 있는데 피곤하다거나 바쁘거나 해서 도저히 10개는 엄두가 나지 않는다면 딱 1개만이라도 하는 게 좋다는 이야기다. 그러면 "오늘도 빼

먹지 않고 해냈다!"는 뿌듯함을 느낄 수 있고 그 도전을 계속해 나가고자 하는 의욕도 이어질 수 있다.

DAY 10	미루는 버릇을 극복하는 여섯 가지 방법
check! ☐	🗒 **To Do List** ☐ ☐ ☐

절약하고 저축하는 습관을 익히고자 할 때면 빠르게 손절해야 할 익숙한 친구가 있으니, 바로 '미루고 싶은 마음'이다. 100만 원 챌린지에 들어섰으니 우리의 오랜 친구인 '미루는 버릇'과 헤어질 수 있는 방법을 알아보자.

긍정과 행복 심리학 전문가인 탈 벤 샤하르 하버드대 교수는 미루는 버릇을 극복하고 싶다면 여섯 가지 방법을 활용할 수 있다고 이야기한다.

첫째는 '5분 버티기'다. 뭔가 지름신이 강림하려는 조짐이 보이면 일단 5분만 눈을 딱 감고 버텨보는 것이다. 혹은 운동을 시작하는 게 너무나 귀찮다면 딱 5분만 팔다리를 움직이는 것이다. 이런 식으로 5분간 자신에게 강제성을 부여하면 미뤘던 행동으로 무사히 진입할 수 있다고 한다. 인간의 사고는 행동을 통제하지만, 행동 또한 사고에 영향을 미친다.

둘째는 '보상하기'다. 일을 마치면 자신에게 적절한 보상을 주는 게 좋다. 며칠 밤을 지새우며 중요한 제안서를 완성했다면 퇴근 후 맛있는 음식을 먹는 식으로 보상을 하는 것이다. 사람은 뭔가 희망이 있어야 고통을 견딜 수 있는 존재다.

셋째는 '배수진을 치고 주변 도움받기', 넷째는 '협력을 강화하고 자기 감독하기'다. 두 가지를 위해서는 자기 생각을 외부에 알려야 한다. 때로는 강제로 자신을 부추겨야 미루는 버릇을 극복할 수 있으며, 다른 사람들과 함께하면 효과적으로 자신을 감독하고 스트레스도 분산시킬 수 있다는 이야기다. 우리가 챌린지에 도전한다는 내용을 SNS에 올리고 알리는 과정을 거친 것은 바로 이런 이유 때문이었다.

다섯째는 '목표 세우기'다. 샤하르 교수에 따르면, 목표 세우기는 출사표 던지기와 같아 효과적으로 미루는 버릇을 고칠 수 있다. 우리는 '두 달간 100만 원을 모은다'는 목표를 세우고 챌린지를 진행하고 있다. 우리 모두 파이팅!

여섯째는 '편안하게 즐길 시간 허락하기'다. 편안히 쉬며 놀고 싶은 것은 인간의 본능이다. 이를 무시하면 우리는 창의력과 생산력, 행복감이 크게 떨어질 수밖에 없다는 게 샤하르 교수의 이야기다. 줄은 계속 팽팽하게 당기기만 하면 끊어질 수 있다. 적당한 완급조절이 있어야 오래갈 수 있다.

PART 2

실전 노하우

DAY
11

물 아끼기

check!

☐

🗓 **To Do List**

☐
☐
☐

하루의 시작과 끝은 씻는 일이다. 양치질할 때 여러분은 세면대에서 물을 틀어놓고 양치하는가, 아니면 양치 컵에 물을 받아서 하는가? 물을 틀어놓고 양치하는 습관이 있다면 당장 양치 컵을 사용하자.

수도꼭지는 꼭 잠그는 습관을 들여야 한다. 느슨하게 잠그면 물이 한 방울씩 계속 떨어지는 경우가 생긴다. 이렇게 떨어지는 물방울이 하루에 100리터나 된다고 하니 무시할 게 아니다.

요즘엔 아침저녁으로 샤워를 하지 않으면 좀이 쑤시는 사람들도 적지 않은 것 같다. 샤워하는 시간도 최대한 짧게 줄여보자. 샤워 시간을 2분만 줄여도 무려 24리터나 되는 물을 절약할 수 있다고 한다. 샤워기 헤드 역시 절수용으로 쓰면 무심코 흘려

보내는 물을 아낄 수 있다. 요즘엔 절수 기능에 마사지 기능까지 더해진 기능성 샤워기 헤드도 나온다.

화장실 변기 수조에 벽돌이나 물을 채운 페트병을 넣어두는 것도 물을 아끼는 좋은 방법이다. 이렇게 하면 물을 한 번 내릴 때 벽돌이나 페트병을 넣지 않았을 때보다 7리터 정도는 물을 덜 쓰게 된다고 한다. 또 변기에서 물이 새는 소리가 들린다면 지체하지 말고 누수되는 부분을 수리하자. 변기 누수가 생기면 그야말로 수도 요금 폭탄이 떨어질 수 있다. 세면대 수도꼭지에서 물이 몇 방울 떨어지는 것과는 비할 바가 아니다.

싱크대에서도 신경 써야 한다. 설거지할 때도 적지 않은 물을 사용하니 말이다. 가정에서 쓰는 물의 5분의 1은 주방에서 사용한 것이라는 한국수자원공사의 조사 결과도 있다. 물을 콸콸 틀어놓고 설거지하는 습관이 있다면 당장 개선하자. 이렇게 설거지하면 낭비하는 물이 하루에 100리터는 된다고 한다. 애벌 설거지할 때 설거지통에 물을 미리 받아서 쓰면 아낄 수 있다.

물을 쓰지 않을 때 수도꼭지 손잡이 방향에 대해 신경 쓰는 편인가? 만일 그동안 전혀 생각하지 않았다면 앞으로는 손잡이를 냉수 쪽으로 돌려놓자. 온수 방향으로 수도꼭지를 닫아두면 따뜻한 수온을 유지하느라 보일러가 멈추지 않고 약하게 돌아간다.

물을 아끼는 일은 수도 요금 절약을 위해서도 필요하지만, 수자원 절약이라는 지구 보호 행위로도 이어질 수 있다.

전기요금 아끼기

🗒 **To Do List**

☐
☐
☐

전기요금도 아끼는 방법이 많다. 가장 기본적으로 알아둘 것은 가전제품을 에너지 효율 1등급 제품으로 쓰는 것이다. 1등급 제품은 5등급 제품보다 에너지를 30~40% 덜 쓴다.

집을 비울 때는 냉장고처럼 24시간 가동해야 하는 기기 외에는 모든 전기코드를 뽑자. 매번 플러그를 일일이 빼는 게 번거롭다면 절전형 콘센트를 활용하면 된다. 개별 플러그를 꺼놓으면 대기전력을 차단할 수 있어 경제적이다. 인터넷용 셋톱박스는 특히 전기 많이 먹는 하마다. 셋톱박스 대기전력 요금이 1년에 6만 원 정도 된다.

한여름엔 주기적으로 에어컨 필터 청소를 하자. 생각보다 안 어렵다. 에어컨 필터의 먼지만 제거해도 냉방 효율이 약 5%

나 향상된다. 인터넷에서 셀프 에어컨 청소 요령을 알려주는 고마운 블로그나 유튜브 영상을 찾을 수 있다. 에어컨 온도는 적정 온도인 26도를 준수하면 좋으며 선풍기와 함께 이용하는 것도 요령이다. 뜨거운 한낮에는 커튼을 치는 등 직사광선을 차단해서 실내 온도 과열을 막으면 에어컨의 무리한 가동을 줄일 수 있다.

PC용 모니터도 가정 내 전기를 많이 먹는 하마 중 하나다. 밝기를 약간 낮추는 것만으로도 소요되는 전력을 줄일 수 있다. PC를 사용하다가 자리를 비울 경우에는 자동절전 기능을 활용하자. 5분 이상 걸릴 듯하면 모니터를 꺼두는 것도 좋다. 대기 모드나 절전 모드를 활성화하자.

냉장고는 꽉 채우지 않고 70% 정도만 채우는 게 좋다. 가득 찬 냉장고는 냉기 순환이 잘 안 되어서 냉장을 위해 전기를 더 쓰게 된다. 반면에 냉동고는 꽉 채워야 냉기가 잘 보존되어 전력 소비 효율이 높아진다. 냉장고와 냉동고 문은 자주 여닫지 말아야 한다. 6초만 열어두어도 원래의 낮은 온도로 돌아오기까지 30분이나 걸린다.

전기밥솥보다는 압력밥솥이 좋다. 특히 전기밥솥으로 보온은 하지 말자. 6인용 전기밥솥의 경우 취사와 보온을 하는 데 들어가는 전기요금이 일 년이면 10만 원 이상 된다. 전기밥솥은 전기도 많이 먹지만 보온해놓고 시간이 지나면 밥도 맛이 없어진다. 다 된 밥은 1인분씩 냉장 또는 냉동 보관했다가 데워 먹으면 밥맛도 더 좋다.

세탁기는 가급적 자주 돌리지 말고 세탁물을 모아서 한꺼번에 돌리자. 세탁기는 돌리는 횟수만큼 소비 전력량이 많기 때문이다.

겨울철 난방비를 아끼려면 한겨울 유리창에 뽁뽁이를 붙이자. 냉기를 막아준다. 보온 텐트 설치나 내복 입기, 바닥에 카펫 깔기도 도움 된다. 암막 커튼도 유용하다. 한여름에는 뜨거운 외부 열기를, 한겨울에는 싸늘한 냉기를 막을 수 있다.

DAY 13

구내식당과 친해지자

check!
☐

✍️ **To Do List**
☐
☐
☐

　직장에 구내식당이 있다면 적극적으로 애용하자. 요즘엔 외부 식당에서 사 먹는 음식값이 만 원쯤 되는 것 같다. 한 달에 약 20일의 평일 점심값을 직접 부담하는 직장인이라면 점심 식사 비용만 약 18만 원에서 20만 원을 쓴다는 이야기다. 그야말로 '런치플레이션(런치+인플레이션)'이 실감 난다. 하지만 구내식당은 대개 5,000원 전후로 먹을 수 있다. 구내식당에서는 반찬 세 가지에 국이나 찌개, 밥을 먹을 수 있는 1식 4찬이 제공되고 식혜나 수정과 같은 간단한 음료를 후식으로 주는 경우도 적지 않다.

　매일 똑같은 구내식당 밥만 먹다 보면 지겹지 않겠냐고? 그럴 때는 직장 인근의 다른 건물 구내식당에 도전해보는 방법이 있다. 다른 구내식당을 가보면 색다른 재미가 있다. 요즘엔 외부

인도 먹을 수 있는 구내식당이 많다. 외부인에게는 자사 직원보다 1,000원 정도 비싸게 받지만 그래도 6,000원 이하가 대부분이다.

이때 유의할 점은 건물에 따라 구내식당에서 신분증으로 결제해야 한다든가, 신분증 없이는 출입이 안 되는 곳이 있다는 것이다. 이런 빌딩이 아니라면 이웃 회사에 다니는 지인 찬스를 써보자. 직원 할인가로 식권을 사서 더욱 저렴하게 먹을 수 있을 것이다.

구내식당에 대한 정보에 목말라 하는 사람들이 많아지고 있다 보니 정보를 제공하는 곳도 등장했다. '밥풀닷컴(http://bobful.com)'이라는 웹사이트다. 서울 지역만 서비스하는 것이 아쉽긴 하지만, 서울의 각 구별로 대형 빌딩이나 관공서 등의 구내식당과 가격을 알려주는 사이트다. 구내식당 모습을 보여주는 사진과 가격, 영업시간, 주차 여부, 약도도 알려주고, 이용해본 사람들이 각 구내식당에 대해 리뷰한 댓글도 있어서 생각보다 상세한 정보를 알 수 있다.

밥풀닷컴 같이 잘 정리된 구내식당 정보 사이트에서도 찾아볼 수 없는 구내식당 정보는 어떻게 알아볼 수 있을까? 이런 경우에는 약간의 수고를 더해 인터넷에 검색하면 정보를 얻을 수도 있다. 맛집 블로그를 운영하는 직장인 가운데 여러 구내식당을 직접 가보고 구내식당별 메뉴들의 특징과 분위기, 음식 맛 등에 대한 평가를 담아서 블로그에 올려주시는 고마운 분들이 있다.

아무리 검색해봐도 내가 알고 싶은 인근 구내식당 정보가 나오지 않는다면? 그렇다면 여러분도 한번 SNS에 자신이 다니는 직장 구내식당의 정보를 올려보고 인근 다른 구내식당 정보를 요청해보자. 근처에서 근무하는 사람들이 다양한 구내식당 정보를 기꺼이 나누어 줄 것이다.

커피값 줄이기

🗓 **To Do List**
□
□
□

미국의 재테크 전문가 데이비드 바크는 커피값만 줄여도 노후 자금으로 수억 원을 마련할 수 있다고 강조했다. 이른바 '라테 요인'이다. 커피값도 절약하는 다양한 방법이 있다.

식후 커피는 가급적 회사에서 무료 제공하는 커피를 이용하자. 다들 식후 커피를 사 먹는 분위기라면? 집에서 하루치 커피를 준비하자. 요즘 보온/보냉용기는 예쁘고 기능도 좋다. 만일 비싼 커피 체인점을 자주 간다면 비용 절감 노력이 필요하다. 특히 이런 곳에서 테이크 아웃하면 바보다. 비싼 커피 체인점의 진짜 비즈니스 모델은 커피 판매가 아니라, '초단기 부동산 임대업'이다. 몇 시간 테이블과 의자를 빌려주면서 음료를 서비스로 주는 것이다. 그러니 미팅 장소가 필요하거나, 홀로 몇 시간 보내는 경우에 자릿세 내는 개념일 때만 이용하자. 기왕 이용해야 한 다면 다양한 할인 제도를 꼭 활용하자. 가져온 텀블러에 주문하 면 깎아주는지, 10잔을 사면 한 잔은 무료로 제공해주는지, 리필 은 무료로 가능한지 살펴보자. 통신사 쿠폰이나 포인트도 잘 알 아보자. 같은 값에 더 큰 잔을 받거나 할인 가격에 마실 수 있다.

커피를 즐기는 사람들이 많아지면서 집에서 원두를 내려 먹 는 사람들도 늘고 있다. 최대한 가성비 좋은 원두를 어디에서 구 할 수 있는지 찾아보자. 테이크 아웃 한 잔에 1,000원 정도 싸게 파는 매장이라도 매일 이용하면 한 달에 3만 원이 넘는다. 그저 개인 취향으로 커피를 자주 마신다면 집에서 내려 마시는 게 훨 씬 저렴하다. 카누 같은 인스턴트 원두커피나 옛날 다방 스타일 커피믹스 애호가라면 뜨거운 물을 담은 보온병과 커피믹스를 갖 고 다니며 타 먹으면 좋다.

나도 원두커피를 아주 좋아한다. 매일 두 잔씩 마신다. 하지 만 한 달 커피값이 약 1만 3,000원에 불과하다면 믿겠는가? 한 커피 로스팅 업체의 인터넷몰에서 200g씩 포장된 원두를 4봉지 주문하는데, 이게 약 4만 원 정도다. 집에 있는 커피를 다 마시고 새로 주문하는 주기가 대략 3개월에 한 번이니까 월평균 대략 1 만 3,000원 정도라고 할 수 있다. 만일 커피 맛을 예민하게 따지 지 않는 편이고 그냥 습관적으로 마시는 사람이라면, 마트에서 파는 대용량 원두를 권한다.

DAY 15	# 직장 내 모임 비용 아끼기
check! □	🗒 **To Do List** □ □ □

　더치페이 문화가 퍼졌어도 선배 직장인이라면 후배들에게 밥이나 술을 사기 마련이다. 이때 과하면 곤란하다. 법인카드를 쥐고 있는 부서장이 아니라면 무리하지 말자. 평소 식비나 커피값은 더치페이하고 특별한 날에만 어쩌다 한 번 정도 가볍게 한 턱 쏘면 어떨까. '걸어 다니는 지갑'보다 업무에서 배울 점이 있는 선배, 포용력 있는 선배로 자리매김하는 편이 좋겠다.

　퇴근길 당신을 유혹하는 동료·친구들의 '이유 없는 한 잔' 유혹도 견디자. 업무 스트레스가 과도해 당장 풀어야 하는 날이라면 억지로 참을 필요는 없다. 하지만 별다른 이유 없는 '습관성' 술자리라면 의식적으로 피하려는 노력이 필요하다.

　특히 대중교통이 끊기는 시간까지 술자리가 이어지는 일이

빈번했다면 이것 또한 피하도록 하자. 힘들겠지만 택시나 대리 운전 대신 대중교통을 이용한다는 원칙만 지켜도 몇만 원을 아낄 수 있다. 요즘은 늦은 밤에 택시 잡기가 꽤 어려워져서 대중교통을 놓칠 경우 귀갓길에 그야말로 전쟁을 치를 가능성도 높다. 택시 잡느라 늦게 귀가한 후 제대로 쉬지도 못한 채 다음날 출근해야 한다. 돈 쓰고 피곤해지는 생활을 굳이 계속할 이유가 없다.

그뿐 아니라 술자리 횟수를 줄인다면 돈과 건강을 모두 잡을 수 있을 것이다. 갑자기 바꾸는 게 불편하면 비율을 줄여보자. 매주 이런 술자리가 있었다면 격주로, 3주에 한 번, 한 달에 한 번으로 해보자. 동료들과의 교류는 점심 식사나 음료수 정도로도 충분히 할 수 있다.

여기서 오해하지 말아야 할 것은, 모임에 들어가는 비용 절약이 주변 사람들과의 교류를 포기해야 한다는 의미는 아니다. 퇴근 이후나 주말을 이용하여 자기 계발을 위한 인문 고전 읽기 모임, 자격증이나 재테크, 영어 공부 모임 등 발전적인 모임이라면 회비가 들더라도 열심히 참여하는 게 문제 되지 않는다. 핵심은 시간과 에너지, 돈을 의미 없이 불필요한 곳에 낭비하는 경우를 피하자는 것이다. 우리의 시간과 에너지, 비용은 한정되어 있으니 적절히 분배해서 사용해야 한다. 이런 한정된 자원은 인생에 꼭 필요하고 의미도 있는 곳에 투입하는 노력이 필요하다.

음식 재료 아끼기

🗑 **To Do List**

☐
☐
☐

물가가 많이 오르면서 외식이나 배달이 부담스러운 상황이 되었다. 자연히 집밥에 대한 관심이나 수요가 늘어나는 분위기다. 냉장고 안에 있는 제한된 재료만으로 음식을 만드는 이른바 '냉장고 파먹기'를 하는 사람들도 많다. 새로 장을 보지 않고, 냉장고에 남아 있는 재료만으로 음식을 하는 것이다.

냉장고 파먹기를 한층 체계적으로 하고자 한다면 냉장고 지도를 만들어보는 방법을 추천한다. 냉장고의 각 부분별로 어떤 식재료가 있는지 적어놓고 이 재료들로 뭘 요리할 수 있는지 미리 구상해보고 일주일치 식단을 짜보면 된다.

식재료는 1회분씩 나눠서 냉동 또는 냉장 보관을 하자. 버리는 양을 줄일 수 있을 뿐 아니라, 요리를 할 때 재료를 바로바로 집을 수 있어서 여러모로 편리하다. 파는 잘게 썰어서, 마늘은 다져서 위생 봉지에 담아 냉동 보관하면 된다. 새우나 오징어, 불고기용 고기도 잘 손질해서 1회분씩 나누어 위생 봉지에 담아 냉동해두면 편하다. 다만 너무 많이 쟁여둘 필요는 없다. 고기나 해물은 냉동실에 오래 있으면 수분이 증발하면서 맛이 없어지므로 일주일 안에 먹어 치울 수 있는 정도만 보관한다.

반찬을 사다 먹는다면 마트에는 저녁 7시 이후에 가자. 떨이 판매를 하기 때문에 같은 돈으로 더 많이 살 수 있다. 마트에서 판매하는 반찬은 보통 만 원에 3팩인데(전통시장은 대략 6,000원) 밤 9시쯤 갔더니 떨이로 8개나 얻은 적도 있다. 신선 식품과 육류는 적어도 마감 세 시간 전에 가야 싸다. 거꾸로 새벽에 가면 할인하는 마트도 있다. 서울 양재 하나로마트에서는 새벽 시간 할인 폭이 크다. 요일에 따라 할인을 하는 마트도 있다. 개인적으로 자주 가는 마트는 평소 만 원에 3팩씩 파는 반찬을 금요일에는 종일 만 원에 5팩씩 판매한다.

밥은 가능하면 즉석밥을 사지 말고 지어 먹자. 나 역시 회사 일이 바쁘고 피곤해서, 혹은 귀차니즘으로 인해 즉석밥을 잔뜩 사놓고 밥을 하지 않았던 시기가 있었지만 지금은 반성하고 직접 지어 먹고 있다. 밥을 할 때는 일반적으로 4인분을 지어서 한 공기씩 덜어 냉장고에 넣어놓고 끼니마다 데워서 먹곤 한다. 확실히 즉석밥보다 찰지고 맛이 있으며, 무엇보다 비용이 덜 들어간다.

DAY **17**	# 음식 배달 비용 아끼기
check! ☐	🔥 **To Do List** ☐ ☐ ☐

　우리나라는 배달 음식 천국이다. 하지만 편하다고 자주 시키면 돈을 많이 쓰게 된다. 이참에 음식 배달을 최대한 자제해보자. 우선 치킨, 피자, 족발 등 배달 횟수를 생각해보자. 최근 일주일 및 한 달 동안 배달을 몇 번 시켰고 비용이 얼마였는지도 떠올려보자. 배달료가 올랐다고 불평하는 것은 그만두고 배달 횟수를 줄이거나, 직접 가서 찾아오거나, 할 수만 있다면 과감하게 음식 배달을 포기하는 노력이 필요하다.

　나는 배달 음식을 시키지 않고 산 지 오래됐다. 혼자 살기 때문에 안전을 생각해서 배달보다는 귀갓길에 직접 사서 들고 오는 테이크 아웃을 기본 방침으로 정한 것도 있지만, 습관이 되고 보니 뜻밖에도 배달 비용 절약이라는 효과로 이어졌다.

전에 살던 동네에서는 가끔 귀갓길에 동네 어귀 시장에서 파는 6,500원짜리 옛날통닭 한 마리를 포장하기도 했다. 에어프라이어를 장만한 지금은 치킨이 먹고 싶으면 너겟이나 후라이드 치킨 냉동식품을 사다가 조리해서 먹고 있다. 뜻이 있는 곳에 길이 있다. 치킨을 포기하긴 어려워도 알뜰하게 즐기는 길은 존재하니 우리가 열심히 찾아서 이용하면 된다. 요즘은 냉동식품의 수준이 높아져서 사 먹는 치킨과 비교해도 맛에서 큰 차이가 없다.

야식 배달을 시키고 싶은 순간이 가장 위험하다. 위기를 넘기려면 노력이 필요하다. 고구마나 뻥튀기 같은 간단한 간식을 준비해두면 도움이 된다. 혹은 시원한 물을 한 잔 마셔보는 것도 좋다. 우리 몸이 갈증을 배고픔으로 착각해서 신호를 잘못 보내는 경우가 있기 때문이다. 전문가들은 수분 섭취를 늘리면 음식 섭취로 갈증을 해결하는 오류를 바로잡을 수 있으며, 다이어트에도 도움에 된다고 조언한다.

음식을 먹고 싶은 강한 욕구는 지속되는 게 아니다. 평균적으로 15분만 잘 버티면 먹고 싶은 마음이 가라앉는다. 버틴다는 생각으로 알람을 15분으로 맞춰놓고 물도 마셔보고 뻥튀기를 먹어보거나, 재미있는 게임을 하거나 영상물을 보면서 다른 쪽으로 정신을 돌리는 것도 방법이다. 잠깐의 위기를 넘기면 배달 비용 절약은 물론이고 건강한 신체와 갸름한 얼굴선도 얻을 수 있을 것이다.

DAY **18**	# 쇼핑할 때 아끼기
check! ☐	**☺ To Do List** ☐ ☐ ☐

생활을 유지하기 위해서는 쇼핑을 안 할 수 없다. 두 달간 100만 원을 모으는 챌린지에 나선 우리는 현명하게 쇼핑하는 방법에 대해서도 생각해야 한다. 쇼핑할 때 절약의 핵심은 덜 사거나, 안 사거나, 내가 움직이는 것이다. 직접 해보면 그동안 자신의 소비행태를 깨닫게 된다.

TV홈쇼핑이나 라이브커머스 시청은 웬만하면 피하자. 보다 보면 귀가 팔랑거리게 된다. 온라인쇼핑몰에서 장바구니에 담아놓은 물건은 당일에 바로 결제하지 말고 하루 이틀 지나 다시 살펴본 후 최종 구입 여부를 정하는 게 좋다. 장바구니에 담을 때와 달리 꼭 없어도 되는 물건이 보일 것이다.

장을 보러 마트에 가야 한다면, 가기 전 집에 남은 재고를 반드시 먼저 확인하는 과정을 거치자. 재고 물품과 식재료 등의 현황을 파악한 후에 무엇을 얼마만큼 사야 하는지를 미리 메모한 다음 장을 보러 가자. 냉장고나 다용도실에 있는 식재료를 보면서 일단 있는 재료로 해먹을 수 있는 요리들을 생각해보면 구체적으로 꼭 필요한 재료의 종류와 양이 파악된다. 충동구매나 불필요한 낭비를 줄일 수 있을 뿐 아니라, 사야 하는 걸 까먹는 사고도 방지할 수 있다.

구매할 때는 단위당 가격을 반드시 확인하자. 총 금액으로는 저렴해 보여도 단위당 가격을 확인하면 오히려 비싼 경우가 많다. 마트에는 가급적 자동차 없이 가자. 무게 부담 때문에 덜 사게 된다. 또 카트를 밀지 말고 바구니를 들자. 커다란 빈 카트는 뭘 담아서 채워야 한다는 불안감을 조장한다. 이와 달리 작은 바구니를 들고 다니면 채워지는 물건이 무거워서라도 적게 사게 된다.

대형 마트에 장을 보러 간다면 휴무일 전날 저녁을 노리는 게 좋다. 휴무일 전날까지 팔지 못하는 제품은 폐기해야 하므로 휴무일 전날 오후 6시 이후에는 타임 세일을 진행하는 경우가 많다. 유통기한이 짧은 고기나 생선, 채소 등 신선식품은 밤 시간에는 20~50% 정도 싸게 구입할 수 있으니 활용하면 좋다.

또한 배가 고픈 상태로 쇼핑을 하면 더 많이 구입하는 경향이 있다는 연구도 있다. 가능하면 배고픈 시간을 피하는 게 좋겠다. 잔잔한 음악보다는 템포가 빠른 음악을 들으며 쇼핑하는 것도 덜 사는 데 도움이 된다. 『누가 내 지갑을 조종하는가』를 쓴 마케팅 전문가 마틴 린드스트롬에 의하면 마트 쇼핑객이 조용한 음악을 들으면서 쇼핑하면 그렇지 않을 때보다 최대 29%나 소비를 더 많이 한다고 한다.

마지막으로 마트는 가급적 혼자 가자. 사실 물건을 사는 일은 너무 재미있지 않은가. 게다가 남녀노소 온 가족이 함께 시간 보내기에 이만한 곳이 없다 보니, 함께 가면 과자 한 봉지, 장난감 한 개라도 더 사게 된다.

DAY 19

쿠폰, 포인트, 리퍼브

check!
☐

☺ **To Do List**
☐
☐
☐

절약과 저축을 목표로 하고 있을 때는 최대한 적게 사거나 안 사는 게 좋지만, 꼭 사야 할 때는 각종 쿠폰이나 포인트를 적극적으로 활용하는 노력이 필요하다. 자주 이용하는 마트나 인터넷몰 같은 경우 일정 금액 이상 구매하면 할인 쿠폰을 주는 곳이 많다. 이런 쿠폰을 받으려면 기준금액이 될 때까지 쇼핑거리를 모아놨다가 한꺼번에 주문해서 할인을 받자. 단, 쿠폰 받으려고 필요 없는 물건을 장바구니에 넣어선 안 된다.

통신사나 카드사 멤버십 서비스도 잘 보면 쓸 만한 게 꽤 있다. 나의 경우 다양한 온/오프라인 유통업체와 제휴가 되어 있는 체크카드를 사용하고 있는데, 이 체크카드는 결제금액에 따라 포인트가 적지 않게 쌓인다. 인터넷쇼핑을 하고 결제를 할 때마다 쌓여 있는 포인트를 확인해보면, 항상 나도 모르는 사이에 3,000원 정도의 포인트가 쌓여 있다. 쌓인 포인트를 결제금액에 포함해 쓰는데, 덕분에 이 정도 금액을 늘 할인받는 셈이다.

또 결제 시 여러 제휴사의 포인트를 자사 쇼핑몰의 포인트로 전환해서 결제금액에 보탤 수 있게 해주는 기능을 제공하는 경우도 있으니 잊지 말고 챙기자. 인터넷 쇼핑몰들은 후기를 쓰면 별도로 포인트를 더 적립해주는 곳이 많으니까 귀찮아하지 말고 열심히 후기를 남기자.

요즘에는 간편결제 앱이나 금융회사 앱에서 할인 폭이 큰 모바일 쿠폰을 제공하는 경우도 많다. 집 근처에 있는 햄버거 및 치킨 매장의 쿠폰을 항상 받아놓았다가 해당 쿠폰을 이용해서 구입하는데, 원래 가격보다 30% 정도 저렴한 가격이어서 유용하게 쓰고 있다.

성능에는 문제없는 리퍼브 제품, 즉 약간 흠집이 나거나 전시됐던 상품을 싸게 파는 곳도 활용하자. 대개 40%까지 할인된 가격으로 판다. 포털사이트에서 '리퍼브 제품'이라고 검색해보면 아주 다양한 리퍼브 제품이 판매되는 것을 볼 수 있다. 가끔 엄청 대박 할인을 잡는 행운도 누릴 수 있다. 아는 동생은 리퍼브 제품 쇼핑을 통해 흠집이 살짝 있는 정가 18만 원짜리 여행용 캐리어를 무려 2만 4,900원에 득템한 적도 있었다.

숙박 시설이나 항공권의 경우 날짜가 임박한 것을 싸게 파는 땡처리 시장이 유용하다. 호텔이나 항공사는 공실 또는 공석이 생기면 그냥 손해이기 때문에 생긴 틈새시장이다. 이런 숙박 시설이나 항공권 예약 앱을 잘 찾아보면 날짜가 임박한 상황일 때 싸게 이용할 수 있다.

할부하지 않기

🗒 **To Do List**

☐
☐
☐

　쇼핑할 땐 특히 무조건 일시불로 결제하는 것을 원칙으로 삼는 게 좋다. 할부 구매를 절대로 하지 말라는 이야기다. 무이자 할부는 괜찮지 않으냐고? 그렇지 않다. 100만 원짜리를 10개월 무이자로 사면 10만 원짜리를 산 것 같이 착각하게 된다.

　아닌 것 같다고? 최신형 휴대폰이 나왔을 때 신나게 바꾸던 당신의 모습을 떠올려보라. 2022년 8월 기준 최신폰인 삼성 갤럭시Z 폴드4는 출고가격이 199만 8,700원(256GB 모델 기준)이다. 이 제품으로 2년 약정하고 단말기 할인으로 24개월 할부 구매를 하면 기기값만 매월 6만 3,035원을 부담하게 된다(KT 홈페이지의 kt숍 모바일구매 기준. 공시지원금 50만 원 및 추가지원금 7만 5,000원 반영 시). '월 6만 3,035원'과 '199만 8,700원'. 월 할부 가격을 듣는 순간 왠지 크게 부담이 없는 것처럼 느껴지지 않나?

　보험은 더 심하다. 집집마다 하나씩은 있다고 볼 수 있는 종신보험을 생각해보자. 보험료가 월 10만 원이고 20년간 납부하는 경우를 가정해 본다면, 이 보험 상품은 얼마짜리일까? '10만 원×12개월×20년=2,400만 원'이 된다. 가입할 때 2,400만 원짜리 거대한 쇼핑을 한다는 생각을 해봤는가? 아마 별 생각이 없었을 것이다. 만일 보험사에서 "이 보험 상품의 총 가격은 2,400만 원입니다"라고 안내했다면 선뜻 가입할 생각이 들었을까? 할부는 거대한 코끼리를 작은 토끼처럼 보이게 만들어서 우리의 판단력을 흐릿하게 만든다.

　자동차 같은 고가의 상품을 판매하는 기업들은 '초기 비용 없이도 매월 저렴한 이용료로 구매할 수 있다'며 입에 침이 마르도록 할부 구매의 장점을 늘어놓는다. 요즘은 자동차를 본인 명의로 구입하지 않고 리스를 이용하는 경우도 있다. 자동차를 판매하는 영업사원들은 리스를 이용할 경우에는 차량이 이용자 명의가 아닌 리스업체의 명의로 되어 있기 때문에 차량 이용자의 자산으로 잡히지 않아서 세금과 보험료 인상이라는 불이익을 입지 않을 수 있다고 이야기한다. 하지만 적은 금액으로 굳이 비싼 물건을 무리하게 이용할 필요는 없다. 외상이면 소도 잡아먹는다는 속담이 있지 않나.

　한 번에 전체 금액을 지불하지 못하고 나누어서 내다가 해당 할부금을 다 갚고 나면 왠지 지갑에 여유가 생긴 기분이 들어

서 뭔가를 더 사고 싶어진다. 할부 구매도 습관이다. 나쁜 습관
은 빨리 버리자.

DAY
21

부지런하면 돈을 번다

check!

☐

🕹 **To Do List**

☐

☐

☐

아끼고 절약하는 습관을 익힐 때 꼭 필요한 덕목 중 하나는 부지런함이다. 돈만 내면 편리하게 이용할 수 있던 여러 서비스를 우리가 몸으로 때워야 하기 때문이다. 남이 해주든 내가 하든 모든 서비스는 결국 돈이다. 남이 해주는 서비스엔 돈이 들고 내가 움직이면 돈을 번다는 것이 차이일 뿐이다. 재작년에 이사를 하면서 집의 간단한 전기 작업을 직접 처리했다. 천장의 메인 조명과 현관의 등을 직접 교체했고, 오래되어 낡고 누렇게 변한 콘센트를 새것으로 교체하는 작업도 직접 했다. 1인 가구로 살아온 세월이 적지 않다 보니 그동안 어지간한 집안일은 남의 손을 빌리지 않고 해결하는 경우가 많았는데, 전기 문제만은 왠지 어려워 보이기도 하고 무섭기도 해서 계속 사람을 불러서 처리했었다. 하지만 이번에는 도전해보고 싶은 마음이 들어서 이사할 무렵에 유튜브와 블로그 등을 열심히 보면서 전문가들이 알려주는 조명 교체 방법과 조심할 점 등을 잘 배워두었고, 무사히 전기 공사를 해낼 수 있었다. 비용을 아꼈을 뿐 아니라 신기술도 익히는 효과를 얻었다.

이런 비슷한 경험을 전에도 한 적이 있다. 10여 년 전에 자그마한 집을 처음 샀을 때 내 손으로 직접 하는 '셀프 등기'를 했다. 보통은 부동산중개업소에서 등기를 처리해주는 법무사와 연결해서 등기 처리 수수료만 내면 간단히 해결된다. 부동산 등기 대행 수수료는 통상 집값의 0.1% 정도인데, 요즘처럼 아파트 평균 매매가격이 12억 원인 시대에는 대략 부동산 등기 수수료만 약 120만 원을 내야 한다는 뜻이다. 하지만 셀프 등기를 하면 그 비용을 절약하는 것은 물론이고, 부동산 관련 지식도 업그레이드 할 수 있다.

몸을 조금만 부지런히 움직인다면 생각보다 많은 비용을 아끼며 살 수 있다. 연봉이 높아서 시간당 몸값이 비싼 사람이라면 약간의 서비스 비용을 지불하고 본업으로 돈 버는 게 더 유리할 수 있다. 하지만 우리 같은 평범한 사람들은 스스로 움직여야 비용을 아낄 수 있다.

세상에 공짜는 없다는 만고의 진리를 다시금 떠올려야 한다. 어쩌면 음식 배달이든 즉석밥이든 다 귀차니즘의 소산일 것이다. 100만 원 챌린지에 돌입한 우리는 이제 달라져야 한다. 귀차니즘을 극복하다 보면 조금씩 저축을 늘릴 수 있으며, 부수 효과로 자기도 모르는 사이에 운동량도 조금씩 늘어나고 지식도 쌓게 된다. 돈 내고 헬스클럽이나 학원에도 다니는데 우리는 그렇게 하지 않아도 되니 얼마나 좋은가.

그리고 보니 오늘은 21일차. 우리는 앞에서 뭐든지 21일만 지속하면 습관이 된다는 '21일 법칙'을 배웠다. 여기까지 무사히 왔다면 여러분은 이미 100만 원 챌린지를 편안히 이어갈 습관이 생겼을 것이다. 축하한다.

DAY 22	취미 생활도 경제적으로
check! ☐	✐ **To Do List** ☐ ☐ ☐

　어른이 되어 좋은 점은 비용이 들어가는 덕질을 할 때 눈치를 보지 않고 할 수 있다는 것이다. 내가 벌어서 내가 쓰는 것이니 누구의 눈치를 볼 것도 없다. 그렇기 때문에 통제가 잘 되지 않는다는 부작용이 생길 수 있어서 조심해야 한다.

　절약과 저축 정신을 함양하는 100만 원 챌린지에 참여한 우리는 덕질 비용도 효율적으로 통제하는 방법을 고민해야 한다. 아끼는 것만이 목적이라면 덕질을 아예 접어야겠지만, 그렇게까지 인생을 무미건조하게 살 필요는 없다고 본다. 찾아보면 덕질도 즐겁게 할 수 있으면서 비용은 크지 않은 가성비 괜찮은 덕질 노하우가 많다. 꼭 돈을 많이 들여야만 덕질이 즐거운 것은 아니다.

　공연 덕후라면 비싼 R석/S석만 고집하지 말고 A석/B석을 선택하자. 가급적 앞자리에서 내 아티스트의 공연을 지켜보고 싶은 마음은 잘 안다. 물론 아쉬운 마음이 클 수 있겠지만 A석/B석 정도로만 선택해도 괜찮다. 어쨌든 내 아티스트의 공연을 누리지 않는가.

개인적으로 연말이면 호두까기인형 발레를 보러 가는 게 중요한 연례 행사인데 A석에서도 충분히 즐거웠다. 좋아하는 아티스트의 공연을 보러 갈 때는 전국 투어 콘서트의 첫 공연 정도는 R석을 잡고 있다. 나를 위한 작은 플렉스랄까. 하지만 추가 공연에 갈 때는 A석/B석에서 본다. 그래도 언제나 공연을 신나게 즐기고 돌아왔다.

좋은 위치의 좌석이 비싸기 마련이지만, 공연장에 따라 숨어 있는 알짜 좌석이 존재하기도 한다. 가성비 좋은 좌석을 잡고 싶다면 커뮤니티에서 검색을 잘해보자. 다른 덕후들이 앞서 축적해놓은 공연장별 좌석 배치의 특성을 찾아볼 수 있을 것이다. 틈틈이 알아보면 어떤 공연장의 어느 자리가 가성비가 좋은지 정보를 입수할 수 있다. 내가 선호하는 2층 A석 자리가 있는 공연장에서 좋아하는 아티스트가 공연을 하면 무조건 그 자리를 잡는다. R석의 반값으로 R석 못지않은 관람 효과를 거둘 수 있어서 대단히 흡족한 좌석이다.

내 아티스트의 공연은 전부 섭렵하고 싶은 게 덕후의 속성이긴 하지만, 여러분은 스스로의 의지로 100만 원 챌린지에 참여했다. 그 취지를 고려한다면 관람 횟수를 줄이는 방법으로 약간의 타협을 하는 것을 권한다. 아쉽긴 하지만 이 또한 덕질의 가성비를 높여준다.

진정한 덕후라면 덕질을 하면서 어떻게 비용을 통제할 수 있겠느냐고 의문을 품는 사람이 있을 수도 있다. 하지만 덕질이 재정에 부담을 줄 정도라면 근본적으로 그 덕질은 과소비라고 생각해야 한다. 즐겁자고 하는 게 덕질인데 덕질 때문에 근심 걱정이 생겨서는 곤란하다.

모바일 게임도
저비용 고효율로

🔥 **To Do List**
☐
☐
☐

　여유시간이 생기면 심심풀이 삼아 스마트폰으로 게임하는 사람들이 많다. 게임은 시간을 때우기도 좋고 재미있다. 하지만 절약과 저축 습관을 익히기 위한 100만 원 챌린지를 하는 우리가 명심해야 할 금과옥조金科玉條(금옥과 같은 법률이라는 뜻으로, 소중히 여기고 꼭 지켜야 할 법이나 규정을 말함)가 있으니, 바로 '과금불가'다. 게임은 하더라도 돈을 쓰지는 말자는 것이다.

　게임에 돈을 써본 경험은 10여 년 전에 딱 한 번 있었는데, 밭에 농사를 지어서 과일과 채소를 수확하는 게임이었다. 열매를 빨리 수확하려는 욕심을 이기지 못하고 거금 만 원을 들여 수확 기간을 단축하는 행동력을 구입했다. 지금 생각하면 보람 없는 소비였다. 그 게임은 이제 더 이상 서비스되지 않기도 하고,

그 게임을 잘한다고 해서 인생에 무슨 도움이 될 것도 없었다. 극단적으로 말하자면 그것은 0과 1로 이루어진 디지털 정보로 잘 짜서 만든 가상의 데이터 덩어리에 불과했다. 아끼고 저축하는 길에 들어선 우리 같은 사람들은 게임을 즐기되 결제는 안 한다는 자세가 기본 장착되어 있어야 한다.

이용자가 게임만 하고 결제를 전혀 안 한다면 게임회사는 뭘 먹고 사느냐고 생각할지도 모르겠다. 하지만 걱정하지 마시라. 우리 같은 사람들은 게임 속 세계를 북적북적하게 해주는 것으로 게임회사에 충분히 기여하고 있으니까 말이다. 우리의 역할은 게임 속 세계의 '병풍'이다. 병풍은 다른 이용자들이 빠른 시간 내에 레벨을 올리고픈 마음에 기꺼이 주머니를 열어 아이템을 사게끔 적당한 분위기를 조성해주는 것으로 충분히 제 역할을 하고 있다. 이용자가 별로 없는 게임은 재미가 없다. 그러면 그에 비례해 돈 내는 이용자 숫자도 적을 수밖에 없다. 또한 광고를 클릭해서 보면 어떤 아이템을 제공하는 등의 방식으로 우리 같은 사람들이 밥값을 할 수 있게 해주는 고마운(?) 게임도 적지 않다. 그러니 결제 한 번 안 하고 게임하는 자신이 무임승차하는 것 아닌가 하는 불안은 접어두고 당당하게 게임하면 된다.

참고로 내가 심심할 때 종종 하는 모바일 MMORPG(다중접속역할수행게임)는 과금 한 번 하지 않았어도 2022년 10월 현재 캐릭터 레벨이 61Lv이 되었다.

DAY **24**	자동차는 최대한 늦게 산다
check! ☐	🧹 **To Do List** ☐ ☐ ☐

세계적인 투자자이자 '템플턴 그로스 펀드'의 창시자인 존 템플턴 경은 투자의 대가로 이름이 높지만, 젊은 시절 아끼고 저축한 생활 측면에서도 많은 일화를 남겼다. 그는 첫 차부터 이후 다섯 대까지 모두 중고차만 샀으며 이 가운데 200달러를 넘는 차는 하나도 없었다. 200달러 이상의 자동차를 구입한 것은 그의 재산이 25만 달러(약 3억 4,000만 원)를 넘어선 다음이었다고 한다. 그는 특히 차를 살 때는 무조건 현금으로만 구입했으며 할부는 일절 하지 않았다.

기자 초년병이던 시절, 할부로 신차를 구입했던 입사 동기가 재테크 담당 선배 기자로부터 '재테크의 적'인 차를 샀다고 핀잔을 들었던 기억이 난다. '내 차'에 대한 로망에 흔들렸던 동기는 직장 생활을 시작하며 안정된 급여가 생기자 용감하게 할부로 신차를 질렀던 것이다. 주변에서 이런 경우를 보는 것은 그리 어렵지 않다. 하지만 절약과 저축을 익히고자 한다면 이렇게 사회 초년병 시절에 무리해서 신차를 구입하는 행위는 참는 게 좋다.

가능하다면 신차보다는 중고차를 사고, 차 없어도 생활에 큰 불편이 없다면 차 없이 지내는 것을 권한다. 사실 차는 돈 먹는 하마다. 일단 차 구입에 돈이 들어가고, 일단 구입하고 나면 계속 유지관리비가 든다. 무엇보다도 차가 생기면 차를 타고 놀러 다니고 싶어지기 때문에 계속 소비를 하게 된다. 그야말로 소비로 이끄는 지옥행 열차라고나 할까.

출퇴근 거리가 너무 멀거나 직업상 꼭 필요한 경우, 대중교통망이 부족한 지역은 어쩔 수 없지만, 그냥 놀러 다니는 용도라면 다시 한번 생각해보자. 차는 구입하면 그때부터 가치가 떨어지기 시작하는 극강의 소비재다.

내가 첫 차를 구입한 것은 마흔 살 때였다. 서울에 있다 보니 교통편이 잘 되어 있어서 차가 없어도 별로 불편함이 없었다. 2016년 11월에 처음 샀던 자동차는 100만 원짜리 16년 된 낡은 차였다. 첫 차인데다 13년 된 장롱면허를 꺼낸 상황이라 자잘한 사고가 날 수 있다는 가능성을 고려해서 새 차에 대해 욕심을 내지 않았다.

차가 생기자 주말만 되면 운전실력을 늘린다는 핑계로 경치 좋은 곳에 여기저기 드라이브하러 돌아다녔다. 물론 기름값과

외식비가 추가로 들어갔다. 나이가 나이이다 보니 자산을 꽤 모아놓았고 급여도 높아진 상태여서 차량 운행에 들어가는 비용이 별로 부담이 되지는 않았다. 첫 차를 1년 정도 타면서 운전실력을 향상시켰고 재미있게 잘 탄 후 처분했다. 몇 년 후 신차를 구입할 때는 전액 신용카드 일시불로 결제했다. 현금으로 지불할 수도 있었지만 신용카드 일시불로 결제하면 카드회사에서 현금 20만 원을 내 계좌로 입금해주는 캐시백 서비스가 있었기 때문에 카드를 사용했다.

내 사전에 '할부'라는 단어는 없다.

DAY 25

자동차 주유비 아끼기

check!

☐

🧹 **To Do List**

☐
☐
☐

어쨌든 자동차가 있어야 한다면 주유비를 줄이자. 올해처럼 기름값이 하늘 높은 줄 모르고 치솟는 시기에는 더욱 신경 써야 한다.

주유할 때는 '3만 원어치'와 같이 금액 기준으로 하는 것보다는 '20리터'와 같이 단위를 기준으로 하는 게 좋다. 금액 기준으로 주유할 때보다 같은 양의 기름이 주유소마다 어떻게 다른지 체감될 것이다. 특히 석유시장감시단이 주유소에서 정량을 주유하는지 20리터 단위로 점검하기 때문에 20리터로 주유하면 주유소가 주유량을 속이지 않는다. 더불어 곳곳에 있는 저렴한 주유소 위치도 자연스럽게 눈에 들어올 것이다.

주유는 '가득' 넣기보다 '자주'하는 게 좋다. 한 번에 많이 주유하면 그만큼 차 무게가 많이 나가서 연비가 나빠진다. 같은 거리를 이동해도 기름을 더 많이 소모하게 되는 것이다. 전문가들은 기름을 약 80% 정도만 채우고 주행하는 게 좋다고 권한다.

주유하는 시기는 연료통이 바닥났을 때보다 주유 눈금이 한 칸 남아 있을 때가 좋다. 연료가 다 떨어져서 주유 경고등이 뜨면 연료탱크 바닥이 공기와 만나면서 남은 연료가 산화되어 아까운 기름이 일부 날아간다. 경고등이 뜨기 전에 미리미리 연료통을 채워놓자. 또한 연료가 팽창하는 한낮보다는 응축되는 이른 아침이나 저녁에 주유하면 약간이라도 더 많이 들어간다는 점도 기억하자.

차량에는 평소에 짐을 무겁게 실어놓는 것도 피해야 한다. 기름을 가득 넣지 않는 경우와 마찬가지의 논리로, 차량의 무게가 가벼워야 연비가 좋다는 점을 생각하자.

운전 습관으로도 기름을 아낄 수 있다. 경제속도를 준수하며 운행하면 연료를 적게 쓸 수 있다. 주행 속도는 시속 60km/h 이하 또는 100km/h 이상이면 연료 소비가 급격히 늘어난다. 물론 차량의 종류와 도로 상황이 어떠냐에 따라서 차이가 있을 수는 있으나, 일반적으로는 시속 60~100km/h를 경제속도로 본다. 교통 흐름을 방해하지 않는 상황이라면 경제속도로 달리면서 과속을 최대한 자제하고, 급제동과 급출발을 하지 않는 것도 연료를 아끼는 요령이다. 아울러, 되도록 차의 공회전을 하지 말아야 한다. 운전을 하다가 3분 이상 정차하게 된다면 시동을 끄는 게 좋다. 공회전을 5분 이상 하면 1km를 운행했을 때와 맞먹는 정도의 기름이 들어간다고 한다.

주유소는 다소 귀찮더라도 저렴한 셀프주유소를 이용하자. 한국석유공사의 '오피넷' 앱을 다운로드하면 현재 있는 위치를 기준으로 가까운 주유소들의 기름값 정보를 찾아볼 수 있다. 오피넷의 유가 정보는 매일 실시간 업데이트된다.

DAY **26**	**통신비 절약하기**
check! ☐	🗒 **To Do List** ☐ ☐ ☐

휴대폰이 거의 필수품이 된 시대다. 몇 년에 한 번은 휴대폰을 바꿀 일이 생기기 마련인데, 교체 시기에는 알뜰폰을 고려해보자. 기기는 최신폰을 굳이 고집할 필요가 없다. 요즘은 출시된 지 몇 년 지난 모델이라도 기능이 크게 뒤떨어지지 않는데 가격은 최신기기의 거의 반값이다. 사실 비싼 최신폰의 수많은 기능을 우리는 제대로 쓰지도 못한다.

본인에게 맞는 알뜰폰 요금제와 기기 등 맞춤형 상품을 찾아보려면 알뜰폰허브(www.mvnohub.kr) 사이트에 가보자. 알뜰폰허브는 휴대폰 상품정보와 온라인 구매 서비스를 제공하는 알뜰폰 포털사이트다. 과학기술정보통신부에서 알뜰폰 진흥정책을 추진하면서 한국정보통신진흥협회를 통해 운영하고 있다. 사용자가 직접 휴대폰 종류와 제조사, 가격대 등 원하는 조건을 설정해서 자신이 원하는 휴대폰 기기와 맞춤형 요금제를 찾아볼 수 있다. 자급제폰과 중고폰을 모두 취급한다.

휴대폰을 개통할 때는 기기를 가급적 일시불로 사자. 할부 구입 피하기는 휴대폰 개통할 때도 적용해야 할 습관이다. 우리가 통신사에서 가입할 때 기기를 24개월 할부로 구입하는 경우가 많은데, 이 때의 할부금액 이자율은 연간 5.9%나 된다. 사정상 할부를 해야 할 상황이라서 어쩔 수 없이 하더라도 여유자금이 생긴다면 선납을 하자. 남은 할부금을 미리 내면 그에 해당하는 이자를 아낄 수 있다.

개인적으로 카드 할부를 절대로 안 하는데 이상하게 휴대폰은 별생각 없이 수년 동안 24개월 할부로 이용했다. 연간 이자율이 그렇게 높은 줄 몰랐던 탓이다. 하지만 지금은 이런 미련한 행동을 더는 하지 않고 있다. 몇 년 전 이용하던 휴대폰의 할부금 납부가 끝나자 모바일 요금이 절반으로 줄어드는 것을 목격한 것을 계기로, 이후 휴대폰을 교체하게 되었을 때 일시불로 기기 값을 내고 지금은 가볍게 통신 요금만 내고 있다.

이 밖에도 데이터 무제한을 쓰고 있다면 자신이 실제로 데이터를 그만큼 쓰는지 확인해보자. 지하철, 카페, 직장, 집 등 무료 와이파이가 곳곳에 널려 있다. 살펴본 결과 생각보다 데이터 무제한이 필요한 상황이 아니라면 요금제를 현실적인 가격으로 낮추자. 무제한을 이용할 때와 비교해 데이터가 아쉽다면 개인용 와이파이로 보완할 수 있다. 개인용 와이파이는 10G 이용료가 한 달에 1만 6,500원이면 된다.

　가족과 함께 결합상품 요금제를 쓰면 할인받을 수 있는 경우도 많다. 잘 찾아보고 각자 적용할 수 있는 경우를 활용하자.

DAY 27 습관을 어떻게 바꿀 것인가

check!
☐

🧹 **To Do List**
☐
☐
☐

매일 아침 알람 소리에 눈을 뜰 때마다 5분만, 10분만 하면서 미적거리다가 힘겹게 몸을 일으킨다. 식사를 하고 나면 무언가 꼭 한 잔씩 마셔야 소화가 잘되는 것 같아서 밥값만큼 비싼 음료를 하나씩 사 먹는다. 모임에서 사람들을 만나서 뭘 먹고 마시면 습관적으로 본인이 계산해야 직성이 풀린다. 학교나 직장에서 과제물 및 보고서를 작성할 때면 늘 미리 준비하지 않고 차일피일 미루다가 마감일에 임박하면 그제서야 벼락치기로 허둥지둥 마무리한다. 운동을 시작하겠다고 다짐하고 헬스클럽 회원 가입을 했지만 날씨가 좋지 않을 때마다 '이런 날은 하루 쉬는 게 낫겠지' 하는 핑계를 대면서 가볍게 건너뛴다. 잠들기 전에는 항상 스마트폰으로 영상이나 인터넷 사이트를 보느라 늦게까지 깨어 있다가 아침에 일어날 때면 잠이 부족해 힘들어한다. 우리가 흔히 해왔거나 주변에서 본 적이 있었던 습관의 일면이다. 하지만 평소 해오던 일상 습관을 바꾼다는 건 사실 쉽지 않다. 새해만 되면 다이어트니, 금연이니, 자격증 획득이니 하는 목표를 세우고 이번에는 꼭 성공하겠다며 결심을 해보지만, 매번 실패하고 마는 우리의 의지는 얼마나 나약한가.

하지만 이렇게 살아가는 것은 결국 습관의 노예가 되는 것이다. 계속 습관의 노예로 살아선 안 된다. 영국 작가 새무얼 스마일즈가 그의 책 『자조론』과 『인격론』에서 지적했다시피, 인격을 형성하는 근본 토대가 바로 습관이다. 의지의 힘이 어떻게 실현되는지에 따라 습관은 자비로운 군주가 될 수도 있고 난폭한 독재자가 될 수도 있다. 사람은 습관의 주인이 될 수도 있지만 불행하게도 습관의 노예가 되는 경우도 있다. 법률이 아무리 엄격하다 해도 게으른 사람을 근면하게, 낭비벽이 있는 사람을 검소하게, 술주정뱅이를 절제하게 만들 수는 없는 법이다. 이런 변화는 개개인의 실천과 절약, 자제가 있어야만 가능한 것이다. 스마일즈의 이야기처럼 습관을 바꿔야 개혁이 이루어진다는 명제는 오늘날에도 유효한 가치다.

심리학자이자 철학자였던 윌리엄 제임스의 이야기도 귀담아들을 만하다. 마음이 바뀌면 행동이 바뀌고, 행동이 바뀌면 습관이 바뀌고, 습관이 바뀌면 인격이 바뀌며, 인격이 바뀌면 운명이 바뀐다는 바로 그 이야기다. 뉴욕 양키즈에서 활약했던 일본

프로야구 선수 마쓰이 히데키는 이 말을 좌우명으로 삼고 노력한 끝에 최고의 선수가 될 수 있었다. 당신이 100만 원 챌린지에 참여해 몸에 익혀두고자 하는 절약하고 저축하는 습관은 어쩌면 앞으로 당신의 인생을 바꿔놓을지도 모른다.

습관이 되면
인생이 더 편하다

🧹 **To Do List**
☐
☐
☐

미루고 외면하는 것을 편안하게 여기는 것이 인간의 본성일 텐데 우리는 왜 절약과 저축이라는 만만치 않은 새로운 습관을 익히기 위해 스스로 고난을 자처하는 것일까? 그것은 절약과 저축이 습관이 되면 그 이후부터는 우리에게 더는 괴로운 일이 아닌 것으로 바뀌기 때문이다. 배고프면 밥을 먹고 목이 마르면 물을 마시듯, 절약과 저축을 하는 행위가 자연스러운 일상이 되면 더 이상 힘든 도전 과제가 아니게 된다는 이야기다.

게다가 절약하고 저축하는 습관이 우리 몸에 자연스럽게 익으면 이와 관련된 에너지 소모가 줄어들게 되고, 우리의 뇌는 그 에너지를 다른 곳으로 돌릴 수 있는 여유를 얻게 된다.

버락 오바마 전 미국 대통령은 늘 회색이나 청색 양복을 입곤 했는데, 이는 의사결정 횟수를 줄이기 위한 것이었다. 미국 대통령은 세계에서 가장 중요한 의사결정을 많이 하는 사람 중 한 명이다 보니 먹고 입는 문제에서는 해방될 필요가 있었다는 것이다. 메타(옛 페이스북)의 CEO 마크 저커버그도 비슷한 이유로 매일 회색 티셔츠와 청바지를 입는다. 그는 의사결정에 쓰는 에너지를 최소화하고 페이스북 커뮤니티를 위한 일에만 집중하길 원했다. 아침에 뭘 먹을지, 뭘 입을지 같은 작은 판단에 에너지를 소모하고 싶지 않았던 것이다.

일본의 뇌신경외과 의사인 스가와라 미치히토는 이러한 행위에 과학적인 근거를 제시한다. 그에 의하면, 우리가 무언가를 생각하고 결단할 때 뇌는 에너지를 소모한다. 성인의 체중에서 뇌가 차지하는 비중은 평균 2% 정도다. 이를 감안하면 뇌가 소비하는 에너지는 상대적으로 어마어마하다. 성인이 하루에 필요로 하는 에너지의 약 20%나 사용하기 때문이다. 그래서 뇌는 가능한 한 반사적으로 사물을 판단하고, 중대한 판단일수록 뒤로 미루거나, 평소대로 생각하는 방법으로 에너지 낭비를 조금이라도 줄이기 위해 필사적으로 노력한다.

습관화한다는 것은 결정해야 할 일의 가짓수를 줄인다는 것이다. 결정할 일이 줄어들면 우리 인생에서 중요한 결정의 정밀도는 더 높아질 수 있다. 그러니 우리의 뇌가 절약과 저축에 에너지를 소모하지 않게끔, 우리는 평소 습관으로 만드는 노력을 기울여야 한다.

DAY **29**	재테크 근육 형성
check! ☐	☝ **To Do List** ☐ ☐ ☐

요즘엔 남녀노소를 막론하고 운동을 열심히 하는 사람들이 많다. '근육 테크'에 대한 관심도 함께 높아지는 것 같다. '근육 테크'는 '근육'과 '재테크'의 합성어다. 자산을 굴리고 모으는 일을 재테크라고 하듯이, 운동을 열심히 해서 근육을 건강하게 유지하는 것을 근육 테크라고 한다. 근육은 일반적으로 30대에 정점을 찍은 뒤 서서히 줄어들기 시작한다. 60대가 되면 1년에 15%씩 줄어들게 된다고 한다. 근육의 감소는 나이가 들면 자연히 나타나는 현상이지만 내버려두면 건강을 위협하는 원인으로 작용할 수 있어서 외면해선 곤란하다. 그런 이유로 젊을 때부터 근육량을 늘리고 근력을 강화하는 노력을 하는 것이다.

절약 및 저축과는 거리가 멀었던 여러분이 이를 습관화하고

자 어려운 챌린지를 시작한 것은 재테크 근육을 만들어 재정적 건강을 지키기 위한 것이다. 덜 사라, 사지 마라, 바꿔라 하는 이야기가 스트레스로 느껴지는가? 좋은 현상이다. 재테크 근육이 조금씩 만들어지고 있다는 증거다. 안 하던 운동을 시작하면 우리의 몸은 처음에는 근육통이 생겨 고통스러운 시기를 겪게 된다. 하지만 그 시기를 견디고 나면 서서히 근육도 튼튼해지고 단단해지듯이, 재테크의 기초가 되는 절약과 저축을 위한 연습을 하다 보면 우리의 마음에도 재테크 근육이 형성된다.

우리는 지금 절약 및 저축 습관 익히기를 목적으로 단거리 달리기를 하고 있다. 이 달리기는 곧 끝날 것이지만 이번의 작은 성공을 바탕으로 자신감을 얻고 나면 더 긴 호흡의 재테크로 가는 문턱을 넘어설 수 있다. 재테크 세계는 인내심과 자제력을 지닌 사람에게만 출입이 허락된다. 우리의 태도는 축구 경기로 치면 5골 넣고 상대 팀에게 5골 허용하는 게 아니라, 1골 넣고 경기 끝날 때까지 무실점으로 막아내는 것과 비슷하다.

반려동물 사랑을
돈으로 표현하지 않는다

🐾 **To Do List**
☐
☐
☐

요즘은 반려동물을 키우는 사람들이 적지 않다. 인구주택 총조사 결과에 의하면, 반려동물을 키우는 국내 가구는 604만 가구로 전체 가구의 29.7%에 이른다(2020년 말 기준). 한국농촌경제연구원에 따르면 관련 시장 규모도 5조 8,000억 원(2020년 기준)에 이른다. 반려동물에게 반려인들이 아낌없이 지갑을 연 결과일 것이다. 사료와 간식은 물론이고 옷이나 액세서리, 반려동물 동반 숙박시설, 장례업체에 이르기까지 반려동물의 전 생애를 망라한 서비스들이 생겼다.

나도 고양이를 두 마리 키운다. 하지만 비용이 많이 들어가지는 않는다. 생후 4개월 때 입양한 반려묘 두 마리가 2022년 현재 열두 살이다. 입양 초기에 이동장, 사료, 모래, 화장실 등 필수 기본물품을 구입하고 꼭 맞춰야 하는 예방접종을 몇 차례 한 것, 그리고 고양이가 아파서 이틀 입원했을 때를 빼고는 지금까지 크게 돈이 안 들었다. 고양이의 건강을 생각해서 사료는 꽤 좋은 것을 골라서 먹이는 정도다. 다만 뚱냥이가 되지 않도록 적당량을 급여하는 데 신경을 쓰고 있다. 현재 두 마리 모두 매일 신나게 뛰어놀면서 건강하게 잘 지내고 있다.

요즘은 고양이 집사들에게 캣타워와 캣휠(고양이용 대형 쳇바퀴)이 상당히 일반화된 분위기인데, 비싼 캣타워와 캣휠이 필수품은 아니다. 람보르기니 같은 슈퍼카가 필수품이 아닌 것과 같다. 우리 고양이들은 집에 캣타워는 없지만 수납장 등 가구를 오르락내리락하는 모습으로 배치해서 충분히 캣타워 같은 효과를 내고 있다.

게다가 고양이들은 사준 물건을 잘 안 쓰는 경우도 흔하다. 물건보다 박스에만 관심을 보여 상심한 반려인 사연도 자주 접하지 않는가. 초보 집사 시절에 멋모르고 고양이용 쿠션을 제법 비싼 것으로 구입한 적이 있는데, 우리 고양이들이 모두 외면하는 바람에 눈물을 머금고 재활용품으로 내놓은 적이 있다(당시에는 당근마켓이 없었다). 택배용 박스나 바스락거리는 비닐봉지, 화장지로 돌돌 말아서 만든 공만으로도 우리 고양이들은 매일 정신없이 신나게 논다. 비싼 제품은 다만 집사의 욕심일 뿐이다. 충분한 관심과 사랑, 건강한 성분으로 만든 먹이와 신선한 물, 가끔 간식 정도면 반려동물은 행복하다.

사료를 먹인다면 반드시 포장에 적힌 권장량을 먹이자. 뚱뚱한 반려동물이 흔한데, 반려인이 용량을 제대로 확인하지 않고 너무 많이 주거나, 귀엽다고 자꾸 간식을 줘서 그런 경우가 많다. 마음은 이해하지만, 사람이나 반려동물이나 비만은 만병의 근원이다.

반려동물 사랑은 꼭 돈으로 표현하지 않아도 된다.

DAY
31

병원비 아끼기

check!

☐

📋 **To Do List**

☐
☐
☐

　병원비도 단골이면 더 싸다. 초진 진찰료는 두 번째일 때보다 30% 더 비싸다. 단 만성질환은 90일 이내, 일반질환은 30일 이내 방문하는 경우 재진으로 보고 진찰료가 낮아진다.

　병원은 큰 병원일수록 비싸다. 가벼운 질환이면 의원▷병원 ▷종합병원 순서로 찾아가자. 흔한 감기몸살이나 소화불량으로 굳이 종합병원까지 가서 비싼 진료를 받는 것은 사치다. 건강보험공단에서 부담하는 진찰료를 뺀 환자부담금은 동네의원 30%, 병원 40%, 종합병원 50%, 상급종합병원 60%다.

　요일이나 진료 시간도 따지자. 진료비가 가장 저렴할 때는 평일 오전 9시~오후 6시, 토요일 오전 9시~오후 1시다. 주말이나 야간, 공휴일에 진료를 받으면 기본진찰료에 30% 가산금이

붙는다. 이것은 약국에서 약을 처방받을 경우에도 적용된다(의원과 약국에 갈 경우. 종합병원은 미적용). 약국은 처방전을 접수하는 시간을 기준으로 오전 9시~오후 6시를 제외한 시간에는 약을 짓는 금액에 30% 할증된 금액이 붙는다(일반의약품 구입시는 미해당). 만일 점심시간을 이용해 병원에 갔다가 약국에서 약을 지을 시간이 애매해 일단 회사로 돌아간 뒤 오후 6시 넘어 약국에 다시 간다면 30% 할증 금액을 내게 된다. 이런 경우에는 일단 약국에 처방전을 접수해놓고, 퇴근 후에 찾아가면 할증 없이 결제할 수 있다.

입원도 더 비싼 구간이 있다. 보건복지부 고시에 따르면 입원비 정산 기준은 낮 12시~다음 날 12시를 1일로 본다. 이때 자정~오전 6시에 입원하는 경우, 그리고 오후 6시~자정에 퇴원 수속을 밟으면 입원료의 50%가 할증된다. 예를 들어 하루 입원비가 10만 원일 경우라면 입원하고 퇴원하는 시간이 언제냐에 따라 5만 원을 아끼거나 추가로 지불할 수 있는 것이다. 퇴원은 가능하면 낮 12시 이전에 해야 할증 요금을 내지 않는다는 것을 기억하자.

몸 상태에 크게 무리가 가지 않는 상황이라면 입원 기간도 과도하게 길게 잡지 않는 게 좋다. 2주 넘게 입원하게 되면 병원비가 더 늘어나기 때문이다. 국민건강보험법에 따르면 입원 기간 1~15일은 입원비 본인부담금이 20%지만 16~30일은 25%, 31일 이상이 되면 30%다. 응급실은 자정을 기준으로 입원비가 산정된다. 자정 전에 입원해 자정 넘어서 퇴원하면 이틀치 입원비가 청구된다. 또 응급상황이 아닌데 응급실에 가면 건강보험 적용 항목이라 해도 본인 부담이 100%가 되고 응급실 이용요금도 추가 부담해야 한다. 응급일 경우엔 상황을 가리지 않고 당연히 가야겠지만, 응급실은 진짜 응급일 경우에만 이용하자.

DAY **32**	# 이사비 절약하기
check! ☐	## 📋 To Do List ☐ ☐ ☐

　살다 보면 이따금 거주지를 옮겨야 할 일이 있다. 이사할 때 이삿짐 업체를 더 저렴한 가격에 찾고 싶다면 번거롭더라도 이삿짐 업체 여러 곳에서 견적을 받아서 비교해야 한다. 좀 더 편리한 이사 견적을 받고 싶다면 역견적을 받을 수 있는 이삿짐센터 앱을 이용하면 좋다. 애플 앱스토어나 구글플레이에서 이사, 이삿짐 등으로 검색하면 몇 개의 이삿짐센터 비교 앱이 나온다. 적당한 것을 골라 다운로드해 자신의 이삿짐 분량과 이동지역을 입력하면 된다. 이를 보고 여러 이삿짐 업체가 가능한 견적 금액을 제시할 것이다. 그중에 가장 싼 가격을 선택하면 된다. 2020년 11월에 실제로 앱을 활용해 역견적을 받아 이사했는데 매우 편리했다. 직접 여러 이삿짐 업체마다 문의하지 않고 가만히 앉

아 있어도 여러 곳의 가격 정보가 들어왔기 때문이다. 이런 앱에는 여러 업체를 이용해본 이용자들의 후기가 잘 올라와 있어서 별로인 곳은 피할 수도 있다.

이사하는 날짜도 중요하다. 어른들이 이사할 때 따지는 '손 없는 날'에 큰 의미를 두지 않는다면 평일, 주말, 평일 손 없는 날, 주말 손 없는 날 순서로 날짜를 잡도록 하자. 이사 비용은 평일이 가장 싸고 주말 손 없는 날이 가장 비싸다.

이사하면서 버리고 갈 물건이 있다면 미리 처분해야 이삿짐 견적 금액이 줄어든다. 물건을 버릴 때는 구청이나 동사무소 홈페이지에서 버릴 물건에 맞는 스티커를 구매해 물건에 붙여서 내놓으면 수거해 간다. 이때도 재활용품을 유료로 수거하는 재활용업체와 먼저 연락해서 돈 받고 팔 수 있는 것은 최대한 팔고, 남은 것만 스티커를 구입해야 비용을 줄일 수 있다. 침대나 책상처럼 큰 물건의 스티커 구입비를 아끼고 싶다면 중고나라 또는 당근마켓에 '직접 가져가면 무료로 준다'고 글을 올려보자. 주머니가 가벼운 자취생들이 받아가는 경우가 많아 서로 이득이다. 나 역시 십수 년 전에 세탁기, 냉장고 등을 갖추고 자취를 하다가 풀옵션 오피스텔로 이사하면서 세탁기와 냉장고를 처분할 때 실제로 이런 방식으로 해결했다. 당시 냉장고는 바로 팔렸지만, 이사 날짜가 임박해도 세탁기가 팔리지 않아 발을 동동 구르고 있었다. 생각 끝에 중고나라에 직접 가져가면 그냥 주겠다고 글을 올렸더니 다음 날 바로 어느 젊은 처자가 화물차 기사님을 대동하고 직접 세탁기를 받아갔다. 2년간 사용했지만 거의 새것이나 다름없는 걸 확인하고 매우 기뻐하며 가져갔던 기억이 생생하다.

한편, 집을 빌려서 사는 세입자는 확정일자를 받거나 전세권을 설정해야 보증금을 지킬 수 있다. 그냥 무방비 상태로 집이 경매에 넘어가면 소중한 내 보증금을 날릴 수 있다. 주민센터 등에서 전입신고 할 때 확정일자를 받으면(비용 600원) 다음 날부터 계약한 집이 경매나 공매에 넘어가더라도 세입자가 보증금을 변제받을 권리가 생긴다. 계약서를 들고 등기소나 주민센터에 방문해도 되고, 인터넷등기소에 접속해도 받을 수 있다. 전세권 설정은 업무용 오피스텔처럼 전입신고를 할 수 없을 때 하는 경우가 많다. 집주인 동의가 필요하며 등기권리증, 인감증명서 등 필요 서류가 많다. 비용도 등록세, 지방교육세, 인지세 등을 내야 해 확정일자보다 부담이 크다. 하지만 설정 당일부터 바로 효력이 있다.

한편, 아파트나 오피스텔에 살던 세입자가 이사를 나갈 때는 집주인에게 장기수선충당금을 꼭 챙기자. 노후 등으로 인한 건물수리비를 미리 매달 적립하는 것이 장기수선충당금인데, 관리비에 포함된다. 집주인 대신 세입자가 사는 동안 낸 것이니 퇴거할 때 받아가는 것이다. 요즘 웬만한 건물 관리실에서는 이사 나갈 때 미리 정산해서 집주인과 세입자에게 알려주는 곳이 많지만, 혹시 누락될 수도 있으니 꼭 기억하자.

깃털이 쌓이면
배도 가라앉는다

🐚 To Do List

□
□
□

'바쁘고 피곤해서 음식 배달 좀 시키는 게 뭐 그리 문제라고, 게임 현질 그거 몇 푼이나 한다고 생활에 엄청 문제 있는 것처럼 얘기하네. 이 책은 뭐 이리 쪼잔한 얘기만 하나?'

어쩌면 이런 생각을 하는 분들이 있을지도 모르겠다. 그런데 사소해 보이는 일들도 점점 쌓이게 되면 결국 우리 인생을 갉아먹는다. 가볍게 보고 넘길 사안이 아니다. 적우침주積雨沈舟라는 고사성어가 있다. 가벼운 깃털이라도 쌓이면 그 무게로 배가 가라앉는다는 뜻이다. 아무리 사소한 문제라도 계속 쌓이면 치명적인 결과로 이어질 수 있음을 우려하는 것이다.

배불리 먹고 쓰고 싶은 곳에 마음껏 돈을 쓰는 것은 물론 즐겁다. 누구나 마찬가지다. 반면에 덜 먹고 절약하는 일은 누구든지 불편하고 힘들다. 그만큼 우리에게 익숙하지 않은 일을 아주 편안하게 느낄 수 있도록, 지금 우리는 스스로를 바꾸는 과정에 있다. 세상 모든 것에는 원래 하던 것을 그대로 유지하려는 관성이 존재한다. 우리도 그렇다. 하지만 바꿔야 한다고 생각했기에 기꺼이 바뀌기로 결심하고 100만 원 챌린지라는 이 어려운 길에 들어선 것이다. 쉽게 얻은 것은 쉽게 잃기 마련이다. 인내하는 사람만이 원하는 것을 얻을 수 있다. 고생스럽더라도 100만 원 챌린지를 해내고 절약하고 저축하는 습관을 들이게 되면 그 다음부터는 전보다 수월해질 것이다. 젊었을 때의 수고와 노력은 나이 들어서 풍요로운 인생을 누릴 수 있게 해줄 것이다.

습관을 혼자서 바꾸는 것은 쉽지 않다. 이 책이 100만 원 챌린지의 목표지점까지 외롭지 않게 함께 달려줄 것이다.

DAY **34**	# 돈 쓰지 않고도 즐거운 일은 많다
check! ☐	🗓 **To Do List** ☐ ☐ ☐

여러분은 '놀이' '놀러 가기'하면 무엇이 떠오르는가? 혹시 놀이공원 가기, 경치 좋은 산이나 바다로 여행 가기, 영화관 가기, 친구들과 노래방이나 게임방 가기 등을 생각했는가? 상상만으로도 즐거운 일들이다. 하지만 여기에는 함정이 있다. 바로 돈이 든다는 것이다. 이런 행위들을 구입할 수 있도록, 놀이를 상품으로 만들어 내놓은 것이다. 바야흐로 즐거움마저도 돈을 써야 살 수 있는 시대다.

그렇다면 절약과 저축 모드에 익숙해지기 위해 100만 원 챌린지에 나선 우리는 노는 데 쓰는 돈을 아껴야 한다는 이유로 즐거움을 포기해야 하는 것일까? 그건 아니다. 상품화된 즐거움 대신, 돈이 들어가지 않는 새로운 즐거움을 발굴하면 충분히 대체

할 수 있다.

사실 재미있게 하는 건 뭐든 즐거운 놀이가 될 수 있다. 나의 경우엔 가끔 투자하던 P2P금융 사이트에서 들어올 이자 지급 스케줄을 보곤 했다. 볼 때마다 재미있고 기분이 좋았다. 원금 1,000만 원을 세 곳에 나눠 투자해 한 달에 이자를 세 번 받은 적도 있었는데, 그때 받은 이자가 총 약 8만 5,000원이었다. 돈이 오래 묶이는 게 싫어서 투자 기간은 4~12개월로만 한 탓에 몇 달에 한 번은 만기가 돌아온 자금을 다시 투자하느라 새 투자 상품을 살펴보곤 했다.

나에게는 새 투자 상품 찾기가 바로 즐거운 '놀이'였다. 이런 투자 대상이 있구나, 하고 새로 알아가는 과정이 재미있었다. 전보다 이율이 0.5%p라도 더 높은 것을 찾아냈을 때도 즐거웠다. 주식에 투자할 때는 장래성도 있고 재무 상태도 탄탄한 강소기업을 일찍 발굴해서 외부의 주목도가 별로 없을 때 미리 투자를 해놓았다가, 시간이 흐른 뒤 주가가 제 가치를 인정받고 상승하는 모습을 보면서 흐뭇함과 신나는 기분을 느꼈다.

투자할 때만 그런 게 아니었다. 가계부를 쓰면서 매월, 그리고 연말에 1년을 결산할 때마다 비슷한 즐거운 기분을 맛보았다. 이번 달은 저번 달보다 3만 원 아꼈어! 올해는 작년보다 자산이 10% 불어났어! 이런 것들이 그 어떤 놀이공원보다 짜릿했다. 아끼는 과정이 구질구질하다고 생각하는 사람은 공감이 안 되겠지만, 이런 게 재미있는 걸 어쩌겠는가.

DAY 35	경제적인 문화 생활
check! ☐	☺ To Do List ☐ ☐ ☐

아무리 절약 모드에 진입한다 해도 비용이 든다는 이유로 영화, 공연, 음악 등을 하루아침에 전부 손절하고 살 수는 없다. 문화생활을 즐기되, 기왕이면 적은 비용으로, 가급적 비용을 전혀 들이지 않는 방법을 열심히 찾아야 한다.

영화는 가장 저렴한 문화소비 수단 중 하나지만, 본인 신용카드나 체크카드, 통신서비스 등에서 제공하는 할인을 적극적으로 활용하자. 찾아보면 대부분 있다. 영화를 예매할 시 건당 최대 7,000원을 할인해주는 신용카드나 체크카드는 어렵지 않게 찾아볼 수 있다. 관심 있는 분들은 활용할 만하다. 조조할인도 언제나 옳다.

공연의 경우, 작품을 정식 무대에 올리기 전에 관객 반응을 살피며 미흡한 점을 수정하는 '거의 완성단계'의 작품을 저렴한 가격에 볼 수 있는 기회가 있다. '트라이아웃Try-Out'이라고 하는데, 대체로 본 공연의 절반 값으로 볼 수 있다. 티켓 예매 사이트를 잘 살펴보자.

영화 보러 갈 때 팝콘과 콜라가 필요하다면 극장 말고 편의점에서 사 가자. 전에는 영화관에서 외부음식 반입을 금지했지만, 이것이 법에 어긋난다는 사실이 알려지면서 규제가 사라졌다. 그래도 귀차니즘 때문에 그냥 극장에서 습관적으로 팝콘과 콜라를 사는 사람들이 많을 것이다. 여기서 잠깐 방향을 바꿔 생각해볼 부분이 있는데, 사실 팝콘과 콜라가 없어도 영화를 즐기는 데 전혀 지장이 없다는 것이다. 절약 모드에 들어섰다면 이런 부가적인 소비는 충분히 아껴도 된다.

음악을 항상 끼고 사는 음악 덕후라면 다운로드보다는 실시간 스트리밍 서비스 이용을 권한다. 월 6,600원이면 이 세상의 음악을 대부분 들을 수 있다. 최신 음악을 잘 안 듣는다면? 스트리밍도 필요 없겠다. 무슨 음악이든 배경으로 조용하게 들리기만 해도 상관없다면? 아예 아날로그 라디오를 틀거나 라디오 앱을 켜면 된다.

유튜브도 잘 활용하면 좋다. 요즘에는 좋은 음악들을 주제별로 선별해서 플레이해주는 유튜브 채널이 정말 많다. 이 원고를 쓰는 지금도 한 유튜브 채널에서 엄선하여 잔잔한 재즈 음악을 듣고 있다. 주요 방송국들이 운영하는 채널에서는 예전에 방

영된 인기 드라마나 예능 프로그램들을 무료로 유튜브에서 볼 수 있도록 서비스하는 경우가 적지 않다. 잘 찾아보면 추억의 외국영화를 볼 수 있는 채널도 있다.

찾아 보면 돈이 들지 않는 고마운 서비스가 꽤 많다.

DAY **36**	과도한 절약으로 피로감이 생기면?
check! ☐	📋 **To Do List** ☐ ☐ ☐

지금까지 살아온 생활 태도와 다르게 갑작스럽게 전방위적으로 절약을 하다 보면 피로감이 생길 수 있다. 허리띠를 졸라매는 절약에 대한 반작용으로 스트레스가 쌓여 이를 해소하기 위해 충동구매를 해버릴 수 있는 것이다.

이런 경우에는 선택과 집중을 하는 것이 좋다고 일본의 습관화 컨설턴트인 후루카와 다케시는 조언한다. 후루카와 다케시에 의하면 낭비의 '범인'은 술값이나 심야 귀가용 택시비, 옷값, 홈쇼핑 상품 충동구매 등으로, 이 상위 3개 항목이 대부분을 차지할 때가 많다. 따라서 이 세 가지에 집중해서 낭비 억제책을 궁리하는 게 나으며, 이 밖의 작은 범인은 놔두는 편이 불필요한 스트레스를 피할 수 있다고 한다. 세 가지 부분에 집중해서 불필요한 지출을 줄인다면, 가끔은 맛있는 디저트를 사 먹거나, 예쁜 양말을 구입하는 식으로 스스로에게 작은 보상을 주는 것도 좋겠다.

만약 지금 진행하고 있는 절약이 너무 비현실적으로 빠듯하다는 판단이 든다면 예산을 조금 늘려서 숨 쉴 틈을 확보하는 것이 나을 수도 있다. 자잘한 생활비보다 고정비를 낮춰야 근본적인 문제가 해결되는 경우도 있다. 예를 들면 인터넷/통신비가 10만 원 이상 나간다거나, 보험료가 과도하게 매월 나가는 게 생활비 부족의 원인일 수 있다. 조율이 필요해 보인다면 지금이라도 다시 설계해서 적정 수준으로 바로잡을 것을 권한다.

추가 수입을 벌어보자

🗒 To Do List
☐
☐
☐

현재 수입 안에서 아끼는 것에는 한계가 있다. 가장 좋은 방법은 몸값을 높여 더 많은 연봉을 받는 곳으로 이직하는 것이다. 하지만 이 방법은 중장기적인 전략인데다 누구나 쉽게 즉시 할 수 있는 것도 아니다. 그렇다면 당장 바로 시도할 수 있는 것은 각종 부업으로 추가 수입 확보에 도전하는 것이다.

직장인이라면 회사 업무로 지쳐 퇴근 후나 주말에 추가 수입을 더 벌기 쉽지 않을 거라는 생각에 꿈도 꾸지 않았을 수도 있다. 하지만 잘 찾아보면 어렵지 않게 소액을 버는 방법이 존재한다. 경품 응모, 쿠폰 활용, 집에서 안 쓰는 중고 물품이나 중고 서적 판매, 설문조사 참여 같은 일상의 푼돈 벌이가 그것이다.

요즘에는 일명 '앱테크'라고 해서 자잘한 소액을 벌 수 있는 앱을 활용한 푼돈 모으기가 대세다. 대표적인 것이 만보기 기능을 통해 1,000걸음당 10원이 모이는 것으로, 열심히 걷기만 하면 푼돈을 벌 수 있는 앱이다. 걸어 다닐 일이 적지 않거나, 건강을 생각하거나, 교통비를 아끼는 차원에서 전보다 더 많이 걷기만 하면 된다. 열심히 걸어서 모은 소액은 해당 앱이 제휴한 브랜드에서 실제로 소비할 때 사용할 수 있어서 유용하다. 신용카드 회사 앱 가운데는 간단한 미니게임을 하고 출석 체크, 광고 참여 등을 하면 포인트를 적립해주기도 한다. 인터넷쇼핑 등을 할 때 현금처럼 사용할 수 있다.

전문 분야가 있는 경우라면 기업체 사보나 언론매체에 기고하는 기회를 찾아보자. 자신의 전문성을 살리면서 원고료까지 챙길 수 있다. 책으로 낼 수 있을 정도의 좋은 기획물이라면 나중에 원고를 묶어서 저서를 낼 기회를 모색해보자. 용돈 벌이 수준을 넘어 책을 낸 저자라는 명예로운 타이틀까지 얻을 수 있으니 관심을 둘 만하다.

재능 마켓에 자신의 전문성을 올려서 유료로 판매할 수도 있다. 석/박사급의 거창한 전문 분야가 아니라 뜨개질이나 반려동물 장난감 만들기 같은 소소한 재능이라도 누군가가 필요로 하는 사람이 있다면 용기를 내어 강연 사이트의 문을 두드려보자. 지금 이 시간에도 사진 찍는 법, 타로카드 해석, 반려동물 간식 만들기 등 세상의 온갖 지식을 기꺼이 돈 내고 열심히 수강하는 사람들이 있다.

이밖에도 블로그를 열심히 운영해 방문자가 많다면 광고를 붙여 트래픽에 따른 수입을 노릴 수 있다. 카풀을 할 수도 있고, 집에 남는 방이 있다면 에어비앤비에 숙소로 등록해도 된다. 관심을 두고 찾아보면 다양한 방법이 존재한다. 뜻이 있는 곳에 길이 있다.

PART 3

현명한 금융생활

DAY 38

투자, 소비, 낭비는 뭐가 다른가

check!

☐

📋 To Do List

☐
☐
☐

　　새어 나가는 돈을 틀어막는 절약은 물론 중요하다. 100만 원 챌린지를 시작한 것도 재테크로 가는 첫걸음인 절약을 몸에 익히기 위함이었으니 말이다. 하지만 살아가기 위해서는 지출을 할 수밖에 없다. 우리는 돈을 쓰는 자신의 행위에 대해서도 분석해볼 필요가 있다.

　　일본의 금융교육 전문가 이즈미 마사토는 돈 쓰는 행위를 투자, 소비, 낭비 세 가지 범주에서 생각할 것을 권한다. 지급한 금액 이상의 가치를 얻을 수 있다면 '투자'이고, 지급한 금액과 같은 수준의 가치가 있다면 '소비'이며, 지급한 금액 이하의 가치밖에 없었다면 '낭비'라는 것이 그의 분류법이다.

　　예를 들어 매일 출근하기 전에 영어학원을 다니는 상황을

투자	산 것의 가치	>	지급한 금액
소비	산 것의 가치	—	지급한 금액
낭비	산 것의 가치	<	지급한 금액

생각해보자. 하루도 빠짐없이 성실히 학원에 다니며 공부해서 영어 실력이 향상됐다면 이때의 학원비는 투자다. 하지만 등록만 해놓고 회사일이 바쁘다, 피곤하다는 이유로 툭 하면 결석을 하다 보니 영어 실력이 전혀 호전되지 않았다면? 동일한 행위임에도 불구하고 이때의 학원비는 낭비가 된다. 또한 영어학원 수업은 빠지지 않고 성실히 출석했지만 막상 학원 수업 시간에는 집중을 제대로 하지 않는 바람에 실력이 향상되지 않았다면 이때의 학원비는 그냥 소비가 되고 만다.

100만 원 챌린지에 임하는 여러분의 태도도 동일한 논리에 따라 분류가 가능할 것이다. 이 책과 더불어 챌린지를 무사히 해내고 절약과 저축을 습관으로 만드는 데 성공한다면 이 책 구입 비용은 투자가 된다. 그러나 대충 훑어본 뒤 집안 어딘가에 두고 잊어버리면 이 책 구입 비용은 낭비가 된다. 물론 두 달 동안 이 책을 함께 읽으며 100만 원을 모으는 것까지는 해냈지만 두 달 후 절약과 저축하는 습관을 익히지 못하고 다시 과거의 모습으로 돌아간다면 이 책 구입은 일회성 소비에 머물고 말 것이다.

매일매일 일어나는 모든 지출 행위를 일일이 분류하며 분석하기는 어려울 수 있다. 하지만 몇 가지만이라도 골라서 이 분류법에 대응해 생각해보면 좋을 것 같다. 스스로는 투자라고 생각했던 행동이 결국 낭비 혹은 소비에 불과했을지도 모를 일이다.

그러므로 이즈미 마사토의 말에 따라 우선은 낭비를 줄여 투자를 늘리는 것이 먼저다. 돈을 쓰기 전에 이 돈을 썼을 때 얻을 수 있는 가치가 무엇인지를 예상해보고, 돈을 사용한 후에는 실제로 얻은 가치를 생각해보는 걸 습관으로 만들어보자.

가계부 쓰기

📋 **To Do List**

☐

☐

☐

절약과 저축의 세계에 진입했다면 가계부와 친하게 지내야 한다는 것을 받아들여야 한다. 가계부 이야기가 나오니 귀차니즘이 발동한 여러분의 한숨 소리가 여기까지 들리는 것 같다. 하지만 피할 수는 없다. 갑자기 A급으로 가계부를 정리할 필요는 없으니 너무 걱정은 말자. 그냥 대충 메모하는 수준으로만 써도 좋다. 일단 쓰기 시작했다는 게 중요하다. 1,000원짜리 껌 한 통까지 세세하게 적을 필요는 없다. 쓰다가 지친다.

나의 경우엔 '식재 장보기' '잡화 장보기' 이런 식으로 사용처를 큼직하게 구분해놓고 있다. 매월 가계부 결산할 때는 수입에서 쓴 돈을 빼고 남은 돈이 딱 맞아떨어지지 않더라도 전전긍긍할 필요는 없다. 나 역시 20년 가까이 가계부를 쓰고 있지만,

정확하게 맞추려고 애쓰지는 않았다. 만 원 이하 오차는 과감히 넘겨도 괜찮다. 우리는 은행원이나 회계담당자가 아니니까 가계부 작성 때문에 스트레스를 받을 필요 없다. 가계부를 쓰는 이유는 우리가 수입을 어떤 식으로 쓰고 있는지 대략적으로 파악하고 문제점이 있어 보이면 바로잡기 위한 것이다. 쓸데없는 곳에 과도하게 지출을 하고 있는 것은 아닌지, 가입한 금융상품이 수입 대비 너무 무리한 수준은 아닌지 등을 알아내려면 가계부를 성실하게 쓰는 것만큼 좋은 방법이 없다.

나의 가계부 작성 첫걸음은 스물일곱 살 때 시작한 간단한 금전출납부 같은 것이었다. 오늘 얼마를 썼다고 간단히 기록해놓은 수준이었다. 씀씀이를 기록하는 것이 어느 정도 습관이 되자, 들어온 돈과 나간 돈을 묶어서 결산을 하는 단계로 넘어갔다. 엑셀 파일에 이것저것 기록을 하다 보니 나만의 스타일로 가계부가 만들어졌다.

지금은 매월 25일이면 가계부를 쓰면서 한 달 동안의 수입과 지출, 저축, 투자, 현재 자산 규모 등을 정리한다. 매년 연말이 되면 한 해 동안의 수입과 지출, 저축, 투자 내역 등을 취합해서 연간 결산을 한다. 내 자산 중 현금성 자산이 얼마인지, 부동산은 얼마인지 분류도 하고, 전체 자산으로 보면 전년 대비 몇 퍼센트 늘어났는지, 얼마 증가했는지 계산해서 이를 표로 만들고 그래프도 그린다. 연간 자산 추이 그래프를 통해 매년 자산이 불어나는 모습을 깔끔한 시각 자료로 지켜본다. 이렇게 하면 현금성 자산이 한눈에 파악돼 투자 기회를 만나면 빠르게 의사결정을 할 수 있다. 이 모든 것은 서툰 솜씨로 적어나갔던 금전출납부를 거쳐 가계부를 쓰는 습관에서 시작됐다.

DAY 40 · 돈 관리 어떻게 하나

check!

☐

🗒 **To Do List**

☐
☐
☐

돈은 많이 버는 것도 중요하지만 평소에 돈 관리를 제대로 해서 나도 모르게 새어 나가는 사태를 막는 것도 필요하다. 지난 2009년에 출간된 『4개의 통장』이라는 책이 화제가 되면서 '통장 쪼개기' 개념이 세간에 많이 알려졌다. 만약 알고는 있었으나 실행을 안 하고 있었다면 지금 당장 통장 쪼개기를 시작하자.

통장 쪼개기의 기본 개념은 지금까지 급여 통장 하나만 사용하면서 들어온 돈을 대충 꺼내 쓰는 대신에, 급여 통장, 출금용 통장, 생활비 통장, 비상금 통장 등으로 운용하는 통장을 4개로 분리하는 것이다. 이렇게 하려면 본인의 수입, 고정비, 소비, 저축의 움직임이 한눈에 보인다. 주의할 점은 '쪼개기'라는 개념에 꽂혀 통장을 너무 많이 만들지 말아야 한다는 것이다. 너무 많으면 관리하기만 힘들다.

출금용 통장은 세금 등 공과금, 집세, 관리비, 통신비, 적금, 카드값 등 매달 정기적으로 나가는 금액을 넣어두는 통장이다. 이 통장에서 나가는 금액은 거의 고정비라고 볼 수 있어서 변동폭이 크지 않다.

생활비 통장은 식비, 생활용품 구입비, 문화생활비 등 일상적으로 쓰는 생활비를 넣어두는 통장이다. 1~3개월 정도 본인의 생활비가 어떤 식으로 쓰이는지 잘 파악한 후 적당한 금액을 예산으로 잡아서 사용하면 된다. 가능하면 신용카드보다는 체크카드를 사용하자. 생활비 통장에 체크카드를 연결하면 생활비 통장에 들어 있는 예산 이내에서만 생활비를 쓸 수 있어서 편리하다.

비상금 통장은 경조사비, 병원비 같이 예상에 없던 갑작스러운 지출에 대비하는 자금을 넣어두는 통장이다. 은행의 자유입출금 계좌보다는 금리가 약간 나은 증권사 CMA(종합자산관리계좌)나 MMF(머니마켓펀드)를 활용하는 경우가 많다.

급여 통장은 위의 3가지 통장에 자금을 분배한 후 잔고를 0원으로 유지하는 것이 좋다고 한다.

통장을 쪼개는 방식은 전문가들의 조언을 뼈대로 삼아 큰 틀에서는 벗어나지 않으면서 각자 상황에 맞는 방식으로 살짝 바꿔 활용할 수 있다. 나의 경우엔 직장생활 초반부터 필요하다는 판단이 들어서 일찍이 통장을 쪼개서 생활하고 있다. 급여 통장을 생활비 통장으로 겸해서 쓰고 있으며 비상금 통장을 소액과 고액으로 나눠서 2개 운영한다. 즉, 급여 통장 겸 생활비 통장 1개, 공과금, 적금, 통신비, 카드값(주로 교통비) 등 출금 전용인 출금용 통장 1개, 고액 비상금 계좌(증권사 CMA) 1개, 월 50만 원만 넣어두는 소액 비상금 계좌 1개 등 4개다. 생활비 통장에는 체크카드를 연결해서 사용하고 있다.

저축의 기술

언젠가 TV를 보다가 깜짝 놀란 순간이 있었다. <전지적 참견 시점>이라는 예능 프로그램에서 어느 연예인의 사회초년생 매니저가 은행을 찾아가 창구에서 은행원과 상담을 하는데 "적금과 예금이 어떻게 다른가요?"하고 물어보는 장면이 나왔기 때문이었다. 이 정도는 누구나 다 알 거라고 생각했는데, 그게 아니었던 것이다.

그래서 기본으로 돌아가 다시 설명해본다. 저축이란 절약해서 모아둔다는 뜻으로, 은행에서 저축하는 상품은 크게 적금과 예금으로 나눌 수 있다.

적금積金은 정해진 기간 동안 일정한 금액을 꾸준히 모으는 것이다. 쌓을 적積, 쇠 금金으로 이뤄진 단어로서 돈을 쌓는다는 의미다. 지금은 큰돈이 없지만, 꾸준히 저축해서 목돈을 만들려고 가입하는 것이다. 은행에 가거나 은행 앱으로 적금 상품에 가입하면 매달 본인이 정한 날짜에 본인 계좌에서 가입할 때 정한 금액이 적금 통장으로 자동으로 입금된다. 6개월, 1년, 2년 등 기간이 지나면 이자와 함께 원금을 돌려받게 된다. 이용자가 원하는 주기를 직접 설정해서 자금을 운용할 수 있는 자유적금도 있다.

예금預金은 일정한 기간 동안 목돈을 은행에 맡겨놓고 나중에 만기가 되면 이자와 원금을 받는 금융상품이다. 미리 예預, 쇠 금金으로 이뤄진 단어다. 모아놓은 자금이 있을 때 이 자금을 굴리는 용도로 예금에 가입하는 것이다. 그래서 적금 이자보다 예금 이자가 더 높다.

저축은 꽤 오랫동안 모아야 큰돈이 되는데, 그 과정이 단조롭기 때문에 지루하기도 하고 중간에 돈이 필요하면 만기까지 가지 못하고 중도에 포기하게 될 수도 있다. 그래서 많은 사람이 지루함을 줄이고 재미있게 저축할 수 있는 여러 가지 방법을 고안해서 활용하고 있다. 꽤 유명한 돈 모으기 방법으로는 통장 쪼개기, 풍차 돌리기, 돈에 이름 붙이기 등이 있다.

기술적으로 풍차 돌리기나 돈에 이름 붙이기를 하더라도 여기에 반드시 따라붙어야 하는 것이 있는데, '선저축 후생활' 그리고 '절약 습관화'다. '일단 쓰고, 월말에 남으면 저축해야지' 하는 생각으로는 절대로 돈을 모을 수 없다. 그리고 아낄 수 있는 것은 아끼고 살자. 낭비는 비싼 것을 사는 행위가 아니라, 필요 없는 데에 돈 쓰는 것이다. 정말 필요한 데에 쓰는 것이라면 100만 원짜리라도 합리적인 소비가 되지만, 필요 없는 것은 단돈 100원짜리라도 낭비임을 기억하자.

DAY 42
비상금은 파킹통장 혹은 증권사 CMA에

check!

☐

☑ **To Do List**

☐
☐
☐

설마 요즘에도 비상금을 그냥 수시입출금 통장에 넣어두고 있는 사람이 있을까? 만일 여러분 중에 이렇게 하는 사람이 있다면 즉시 파킹통장이나 증권사 CMA(종합자산관리계좌)를 만들어서 비상금을 옮겨놓자. 은행 수시입출금 통장은 이자가 몇 달에 한 번 들어오는데 그 금액이 극히 미미하기 때문이다.

파킹통장은 하루만 맡겨도 이자를 주고 입출금도 자유롭다. 2022년 12월 현재 은행권 파킹통장 금리는 연 2%대인 곳이 많으며, 저축은행 중에서는 연 3%를 넘는 곳도 등장한 상태다. 원금과 이자를 합해 최대 5,000만 원까지 보장하며 은행과 저축은행 등에서 가입할 수 있다. 이자는 매달 또는 분기마다 들어온다. 단, 금융사에 따라 고금리를 주는 원금 규모를 몇백만 원 정도로 제한을 두는 경우가 있으니 꼼꼼히 비교해봐야 한다.

증권사 CMA는 매일매일 이자가 붙고 연이율은 대체로 3%대가 많다(2022년 12월 기준). 특히 발행어음형 CMA는 이자율이 연 3.7~3.9%에 달한다. 발행어음은 증권사의 자체 신용(자기자본의 200% 이내)으로 발행하는 1년 이내 단기금융상품을 말한다. 증권사의 발행어음을 고객이 사들이면(발행어음형 CMA에 가입해서 돈을 넣어두면) 이 돈을 굴려서 발생한 수익을 고객에게 나누어주는 방식이다. 발행어음형 CMA는 자기자본이 4조 원 이상인 미래에셋증권, 한국투자증권, NH투자증권, KB증권 등 4곳에서만 가입할 수 있다.

CMA는 증권사의 금융상품이다 보니 원금 보장이 안 된다고 해서 꺼리는 사람이 있는데 과도한 걱정이다. CMA는 대개 국공채, 우량기업 회사채에 투자해 이자를 지급하기 때문에 원금을 날릴 우려는 별로 크지 않다. 그래서 CMA는 단기적으로 마땅한 투자처를 찾지 못한 대기자금이라면 보관해도 무방하다.

CMA는 체크카드와 연결해서 은행 수시입출금 계좌와 별차이 없이 이용할 수 있다. 다만 증권사는 은행보다 지점 수가 현저히 적기 때문에 급히 현금이 필요할 때 인출할 곳이 적은 게 흠이다. 가급적 현금으로 인출하는 일이 적은 비상금을 넣어두는 계좌로만 이용하는 게 좋다. 원리금 보장이 안 된다는 점이 계속 걱정된다면 종합금융회사에서 종금형 CMA를 만들면 된다. 종금형 CMA는 5,000만 원까지 원리금을 보장해준다.

CMA와 비슷한 상품도 있다. 은행에서 가입할 수 있는 MMDA(머니마켓디파짓펀드), 증권사에서 가입하는 MMF(머니마켓펀드) 및 RP(환매조건부채권)도 CMA와 성격이 유사하다. 일정 금액을 넣어두면 연이율 1% 이상의 수익을 얻을 수 있다. MMDA는 보통 500만 원 이상 예치하며 5,000만 원 한도 내에서 원금이 보장된다. MMF와 RP는 증권사 상품이기 때문에 원금 보장이 안 된다.

청약통장을 만들자

청약통장은 새 아파트를 분양받고 싶은 사람들에게 필수 아이템이다. 정식 명칭은 '주택청약종합저축'인데, 대한민국 인구의 절반 이상이 다 갖고 있다고 볼 수 있다. 한국부동산원 청약홈에 따르면 2022년 11월말 기준으로 청약통장에 가입한 전국 가입자 수는 2,661만 명이고 1순위만 약 1,760만 명이나 된다. 잠재적 경쟁자들이 이처럼 어마어마하다 보니 청약통장을 써서 과연 새 아파트에 당첨될 수 있을지도 걱정되고, 요즘 청약통장 금리가 연 1.8%에 불과한지라 2022년 12월 기준으로 은행의 1년짜리 정기예금 금리가 5%를 넘는 곳도 있는 요즘 같은 시기에 계속 청약통장을 유지하는 게 맞는지 고민하는 사람도 생기고 있다.

하지만 청약통장은 일단 만들어 놓는 게 낫다. 청약통장은 매달 2만 원부터 50만 원까지 자유롭게 입금할 수 있는데, 최저 금액인 월 2만 원만 입금한다면 생활하는 데 별로 영향 없이 유지할 수 있다. 금수저가 아닌 이상 마흔 살 전에 신축 아파트를 살 기회는 그리 크지 않을 것이니 말이다. 매달 자동이체 시켜 놓고 잊고 지내다 보면 어느새 적지 않은 금액이 쌓여 있을 것이다. 하지만 나중에 혹시 모를 기회를 생각해 최소한의 금액으로 가능성을 살려두는 게 어떨까 싶다.

나 역시 2010년 7월부터 청약통장에 매달 2만 원씩 자동이체를 하고 있는데 벌써 294만 원이 적립됐다(2022년 12월 기준). 청약통장이 없는 상태에서 지난 2010년 7월에 기존 소형 아파트를 매입해 1주택자가 되었는데, 혹시 모를 미래의 기회에 대비하려고 청약통장을 새로 만들었다. 그리고 월 2만 원은 어느새 300만 원을 바라보는 목돈이 되었다.

만약 여유가 되면 최저 월 납입 금액인 2만 원에 몇 만 원씩 더 납입해도 된다. 중요한 것은 초반에 목돈을 넣어선 안 된다는 점이다. 공공분양(국민주택)은 납입 횟수가 중요해서다. 공공분양은 적립 기간 2년 이상에, 납입 기간 24회 이상이어야 1순위가 되므로, 야금야금 꾸준히 오래 유지하는 게 포인트다. 하지만 민영 분양은 예치금과 기간만 맞으면 되므로 최소예치금만 맞추면 된다. 더불어 지역과 아파트 크기에 따라 청약통장에 최소한 들어 있어야 하는 예치금도 다르니 확인하자.

청약 대상 주택은 크게 국민주택과 민영주택으로 나눌 수 있다. 국민주택은 국가, 지방자치단체(지자체), LH(한국토지주택공사), 지방공사가 짓는 전용면적 85㎡ 이하 주택이다. 아울러 국가나 지자체 재정 또는 주택도시기금을 지원받아 건설하거나 개량하는 주거전용면적 85㎡ 이하 주택도 해당한다.

이런 주택의 공급 정보는 '청약홈' 웹사이트에 나온다. '일반공급'은 청약홈에서 확인할 수 있지만, '특별공급'은 나오지 않는다. 특별공급은 사업 주체인 LH, SH(서울주택도시공사), 경기주택도시공사 홈페이지에서 수시로 확인해야 한다.

이상에 미해당하는 경우는 전부 민영주택이다. 민영주택의 입주자 모집 공고와 일정은 청약홈에 올라오니 참고하자.

구분	서울 · 부산	기타 광역시	기타 지역
85㎡ 이하	300만 원	250만 원	200만 원
102㎡ 이하	600만 원	400만 원	300만 원
135㎡ 이하	1,000만 원	700만 원	400만 원
135㎡ 초과	1,500만 원	1,000만 원	500만 원

지역별 청약통장 최소예치금

신용카드? 체크카드?
현금? 간편결제?

☝ To Do List

□
□
□

절약과 저축을 최우선으로 여기는 생활을 시작했다면 신용카드는 교통카드 겸 비상용으로 1장만 남기고 체크카드나 간편결제를 사용하는 게 유리하다. 체크카드는 계좌에 있는 금액 내에서만 결제되기 때문에 초과 소비를 막아준다. 연말정산할 때 세액공제 혜택도 신용카드보다 체크카드가 더 좋다. 신용카드 사용액은 사용금액의 15%, 체크카드는 30%를 300만 원 한도(총급여 7,000만 원 이하 시)에서 공제받을 수 있다. 간편결제 이용금액도 현금영수증 발급을 신청할 경우, 30%의 소득공제율을 적용받을 수 있다. 이상의 공제율은 2021년 연말정산 기준으로, 이 비율은 매년 달라질 수 있다.

신용카드에는 연회비가 있다. 신용카드마다 제공하는 서비스에 따라 연회비는 천차만별인데, 서비스 수준이 높을수록 연회비도 높다. 예를 들어 한 카드사의 연회비가 30만 원인 신용카드는 매년 30만 원 상당의 멤버십 포인트를 적립해주고 전 세계 공항 라운지를 무료로 이용할 수 있다. 또 전월 이용금액이 50만 원 이상이면 해외 가맹점과 국내 특급호텔 이용 시 포인트를 2배로 적립해주기도 한다. 하지만 한 달에 신용카드를 50만 원 이상 사용하지도 않고 특급 호텔이나 공항을 거의 이용하지 않는 사람이라면 굳이 이런 신용카드를 쓸 필요는 없을 것이다.

체크카드를 주력으로 쓰되 비상시를 대비해 신용카드를 하나 정도만 둔다면 연회비 만 원 이하인 카드 중에서 골라보자. 어느 신용카드는 연회비가 2,000원에 불과해도 대형마트나 백화점, 주유 시 5% 할인, 패밀리레스토랑 결제금액의 25% 할인, 스타벅스 등 카페 결제금액의 20% 할인 등 꽤 괜찮은 서비스를 제공한다. 신용카드도 본인의 생활 패턴을 고려하면서도 가성비가 좋은 것을 잘 골라서 사용해야 한다.

다만 신용카드 중에 가장 위험한 것은 포인트를 미리 당겨 쓰고 나중에 갚는 카드다. 사용한 포인트 탓에 안 써도 될 금액을 굳이 결제해서 사용액을 맞춰야 하기 때문이다. 세상에 공짜는 없다. 반복해서 얘기하지만 신용카드를 쓸 때 특히 유의할 점은 절대로 할부를 이용하지 않는 것이다. 할부를 하지 않는 습관 들이기는 매우 중요하다.

신용카드를 아예 안 쓰고 현금으로 쓰는 게 가장 좋다고 조언하는 재테크 전문가들도 있긴 하지만, 이제는 현금만 들고 다니기엔 일상생활이 번거로운 시대가 됐다. 적당히 활용하자. 하지만 신용카드 때문에 자신의 소비를 통제하기 어렵다면 과감히 꺾어버릴 것을 권한다.

하루살이와 한달살이

🎨 **To Do List**

☐
☐
☐

실제로는 일주일 넘게 산다지만 아무튼 하루밖에 못산다는 곤충의 대명사가 하루살이다. 하루 벌어 하루 먹고 사는 사람들도 스스로를 하루살이라고 칭할 때가 있다. 일간지에서 일했을 때 매일매일 취재기사 아이템을 보고해야 했는데, 매일 새롭고 재미있는 아이템 찾기가 만만치 않아서 동료들과 "이놈의 하루살이 인생~"하며 한탄한 적이 꽤 있었다.

그런데 여기서 잠깐. 매달 받는 월급으로 근근이 살아가는 우리가 하루살이보다 상황이 낫다고 볼 수 있을까? 월급 받아서 월세며 식비, 교통비, 통신비 등등에 다 써버리고 저축은 전혀 하지 못하고 있다면, 결국 하루 벌어 하루를 사는 것과 뭐가 다른가?

절약과 저축을 체화하는 100만 원 챌린지는 결국 이런 '한달살이'에서 벗어나 잉여자금을 마련할 첫걸음을 익히기 위한 것이다. 한달살이 신세를 지속하는 인생은 우울하기 그지없다. 회사에서 받는 스트레스 때문에 괴로운 상황이 되어도 매달 꼬박꼬박 들어가는 생활비 때문에 또다시 출근할 수밖에 없다.

물론 한달살이 패턴을 깨뜨리기란 대단히 어렵다. 월세며 카드값에, 대출 원리금 상환액 등 우리를 옭아매는 지출의 구조는 어찌나 촘촘한지. 이것을 바꿔야 아주 작은 금액이라도 저축하고 투자의 단계로 넘어갈 수가 있다. 어디서 복권에 당첨되거나 거액을 상속받는 행운이 생기지 않는 이상 소비를 줄이는 절약을 통해 소액이나마 마련해야 종잣돈을 만들 수 있다. 그러려면 먼저 신용카드 의존도를 차츰 줄인 다음 체크카드 중심으로 생활 패턴을 변경하는 과정이 필요하다.

하지만 신용카드 생활을 청산하기란 생각보다 어렵다. 실제로 20대 후반에 신용카드 중심이던 생활을 체크카드 중심으로 바꾸는 과정에서 한 3개월쯤 생활비에 허덕여본 경험이 있다. 그 과정에서 다시 신용카드를 쓰고 싶은 욕구를 견디는 건 쉽지 않았다. 지난달에 지출했던 신용카드 대금을 내고 난 다음, 이번 달의 생활비는 신용카드 대금을 내고 남은 몇 푼 안 되는 금액으로 버텨야 했기 때문이다. 게다가 6개월 할부로 구입한 옷의 신용카드 대금 결제가 전부 끝날 때까지는 그로부터 두세 달이 더 지나야 했다. 신용카드 안 쓰기에 나섰던 첫 번째 달에는 신용카드 금단증상으로 너무 힘들었다. 하지만 신용카드로부터 해방을 쟁취하고 나자 한결 사는 게 편했다.

신용카드와 헤어지는 과정은 살을 빼는 과정과 많이 닮았다. 다이어트 초반에는 음식의 유혹이 강하다 보니 중간에 포기하고 싶은 마음이 크다. 하지만 운동하고 덜 먹는 습관을 익히고 나면 시간이 지났을 때 건강한 몸이라는 보상을 얻게 된다.

☑ **To Do List**

☐
☐
☐

금융 관련 정보를 한눈에 비교할 수 있는 웹사이트나 앱을 잘 활용하면 절약은 물론 효율적인 돈 관리에도 도움을 받을 수 있다.

가장 대표적인 곳으로 금융감독원이 운영하는 금융소비자 정보 포털 '파인(https://fine.fss.or.kr)'이라는 사이트가 있다. 이곳에는 유용한 정보가 많다. 까먹고 있던 내 계좌에서 잠자는 돈을 찾아볼 수도 있고(잠자는 내 돈 찾기), 내가 개설한 금융회사 계좌를 다 볼 수 있는 '내 계좌 한눈에'도 있다.

특히 파인에 있는 금융상품 통합비교공시 정보를 잘 활용하면 본인 상황에 적당한 상품을 찾을 수 있어 편리하다. 금융사별 대출(주택담보대출, 전세자금대출, 개인신용대출 등)을 비롯해 연금저축, 퇴직연금, 실손의료보험, 자동차보험 정보를 나란히 놓고 비교해볼 수 있다.

요즘처럼 금리가 빠르게 상승하는 시기에는 예/적금에 가입할 때 만기를 짧게 두고 자주 갈아타는 것이 유리한데, '금융상품 한눈에'를 활용하면 금융권 전체에서 판매하고 있는 정기예금과 적금, 펀드, 절세금융상품을 한눈에 비교해서 볼 수 있다. 적금의 경우 6개월부터 36개월까지 기간별로 고를 수 있고, 적립 방식도 정액과 자유 방식 중에 선택할 수 있다. 전국은 물론 서울, 부산, 대구, 광주, 경기, 강원 등 주요 지역별로 나누어서 상품을 선별할 수도 있다. 이렇게 선별한 각 금융사의 적금 상품은 세전/세후 이자율과 세후 이자, 최고 우대금리 등을 확인할 수 있다.

자동차 보험의 경우 매년 새로 들어야 하는 금융상품인데 운전자들은 매번 자신이 어느 보험사에서 가입해야 가장 저렴한지 일일이 검색해서 찾는 경우가 많다. 꽤 번거롭지만 매년 운전자마다 보험료 산정액이 달라지기 때문에 대충할 수도 없다. 하지만 '파인'에서 통합비교공시 분야 중 자동차 보험을 클릭하면 운전 경력, 차량 배기량 등 운전자 개인 조건에 따라 보험사별 보험료를 한눈에 볼 수 있다. '보험다모아(www.e-insmarket.or.kr/intro.knia)' 사이트에 바로 들어가서 마찬가지로 비교할 수 있다. 파인에서는 이런 방식으로 펀드다모아, 카드다모아 등 비교검색 사이트로 연결해주기 때문에 여러 인터넷 사이트를 헤매고 다녀야 할 동선을 줄일 수 있다.

이 밖에도 여러 핀테크 기업들이 운영하는 금융 앱(토스, 뱅크샐러드, 핀다, 카드고릴라, 보맵 등)에서도 각종 대출, 신용카드 상품, 보험 상품 등의 정보를 비교해볼 수 있다.

보험에 군살 빼기

🔔 To Do List

☐
☐
☐

　보험은 미래에 예측할 수 없는 재난이나 사고의 위험을 대비하는 제도다. 없어도 사는 데 지장은 없지만 웬만한 사람들은 비상시를 대비해서 보험 한두 건에는 가입했을 것이다. 가장 쓰임새가 많은 것은 실손의료보험(실비보험)으로, 질병이나 상해로 인해 실제로 들어간 의료비용을 받을 수 있는 보험이다. 여기에 필요에 따라 종신보험(본인 사망 후 유가족에게 목돈을 주는 보험)이나 연금보험(일정 연령에 이르면 매달 정해진 금액을 받을 수 있는 보험) 등을 추가로 드는 경우가 많다.

　요즘에는 필요한 보험을 스스로 비교 분석해서 가입하는 꼼꼼한 금융소비자들이 늘고 있지만, 아직도 많은 사람이 지인 얼굴을 봐서 보험에 '들어주는' 경우가 많다. 하지만 아는 사람이 부탁한다고 해서 거절하기 어렵다는 이유로 여러 가지를 가입하다 보면 매달 내는 보험료 때문에 본인의 생활비가 부족해지는 상황에 이를 수도 있으니 조심해야 한다. 현재 가입된 온 가족의 보험료 수준이 적정한지 확인해보고, 만약 필요 없는 보험료가 나가고 있는 것으로 파악되면 보험을 다시 설계하는 것이 좋겠다.

매달 내는 보험료는 월수입의 5~10% 정도 수준이면 적당한 것으로 본다. 보험은 만기에 돈을 회수하려고 가입하는 저축이 아니다. 갑작스러운 병이나 사고 등 훗날의 위험에 대비하려고 여럿이 미리 돈을 모아놨다가 실제로 위험에 닥친 사람에게 목돈을 내주는 금융상품이다. 즉 매달 일정액을 내더라도 그 돈을 받을 일이 제발 없었으면, 하는 마음으로 가입해야 한다는 이야기다.

의료실비보험은 가급적 순수보장형(소멸형)이 좋다. 순수보장형은 환급형보다 보험료도 저렴하다. 매월 내는 보험료가 아깝다는 생각 때문에 환급형 보험이 더 좋은 것 아닌가 싶지만, 내가 낸 원금을 그대로 돌려받고 싶은 마음이라면 그 돈으로 적금을 붓고, 무슨 일이 생기면 그 적금으로 모아놓은 돈을 쓰는 게 낫다. 적금은 원금이 보장되지만 보험은 사업비(설계사 수당, 판매촉진비, 점포운영비, 직원급여, 수금비용 등)를 떼어가기 때문에 내가 낸 원금을 그대로 받을 수 없기 때문이다. 저축성보험도 사업비를 떼는 것은 동일하니, 저축을 하겠다는 생각이라면 보험사가 아니라 은행에 가는 게 맞다. 은행 적금은 사업비를 떼지 않는다.

또한 결혼할 계획이 전혀 없는 싱글이라면 종신보험에 가입할 필요가 없다는 것도 알아두자. 종신보험은 본인 사망 후 남은 가족의 생계비를 제공하자는 취지의 상품이기 때문이다. 보험은 본인에게 어떤 보험이 필요한지 따져보고 적당한 상품을 잘 선택하는 것이 매우 중요하다.

DAY 48 보통 사람의 세금 절약

check!
☐

🛎️ **To Do List**
☐
☐
☐

세금을 듣기만 해도 복잡하거나 어렵다는 생각이 들 때가 많다. 하지만 우리는 매년 연말정산 과정을 통해 세금과 마주하며 살아간다. 관심을 두고 적극적으로 대응을 하는 사람만이 세금을 한 푼이라도 아끼는 기회를 얻을 수 있다. 세무사에게 전문적인 절세 상담을 받는 부자가 아니어도, 우리 같은 평범한 사람도 조금만 신경 쓰면 세금을 아낄 수 있는 방법이 있다.

매년 지방자치단체에 내는 재산세, 자동차세, 주민세, 면허세 등 지방세는 종이 고지서 대신 이메일로 납부고지를 받아서 온라인으로 납부하면 마일리지를 쌓을 수 있다. 이 마일리지로 세금을 내거나, 교통카드 충전, 사회복지단체 기부를 할 수 있다. 서울시의 경우, 2023년 1월부터 납세의무자가 이메일 고지서(전자송달)와 자동이체를 신청하면 최대 1,600원 세액공제를 지원한다(전자송달 800원, 자동이체 800원).

국세나 지방세가 아니더라도 통신 요금이나 카드 대금, 보험료 등 각종 요금 청구서를 종이 고지서로 받고 있다면 이 또한 이메일이나 앱으로 받으면 매달 몇백 원 정도씩 아낄 수 있다. 티끌 모아 태산이요, 낙숫물이 바위를 뚫는다는 것을 기억하자.

세금 관련 제도는 매년 바뀐다. 국세청에서는 매년 6월에 발표하는 '세금 절약 가이드'의 내용을 잘 숙지하면 중소사업자·근로자·영세납세자 등 각자의 상황에 도움이 되는 절세 요령을 익힐 수 있다. 세금 절약 가이드는 국세청 홈페이지에서 전자책 형태로 무료로 볼 수 있다.

국세청에 납세자들이 자주 문의하는 상담 사례가 몇 가지 있다. 이자·배당 같은 금융소득은 그 합계액이 연간 2,000만 원 이하이면 따로 종합소득세 신고를 할 필요가 없다. 금융회사 등에서 14%의 세율로 원천 징수하기 때문이다. 하지만 합계가 2,000만 원 초과라면 다른 소득과 합산해서 종합소득세 신고를 해야 한다. 이 밖에 직장에서 받는 급여 외에 원고료, 강연료, 자문료 등 부업을 해서 올린 소득이 있는 경우에는 연 300만 원 이상이면 종합소득세 신고를 해야 한다.

마이너스 통장은
지갑이 아닙니다

🗓 To Do List
☐
☐
☐

왜 그런지 모르겠는데 마이너스 통장(일명 '마통')을 가볍게 생각하는 사람들이 꽤 있는 것 같다. 일단 만들어 놓으면 언제든지 편하게 돈을 찾아서 쓰다가 돈이 생기면 바로 채워놓을 수 있는 편리함 때문인지 마이너스 통장에 적지 않은 이자를 내고 있다는 사실을 망각하고 사는 듯하다. 2022년 11월 기준 은행권의 마이너스 통장은 평균 약 7%대에 이른다. 수시입출금이 가능한 파킹통장 금리가 대체로 2~3%대라는 것을 생각하면 결코 무시할 수준이 아니다.

마이너스 통장의 정식 명칭은 '한도 대출'이다. 즉, 일정 금액의 돈을 계좌로 입금해서 받는 게 아니라, 정해진 한도 이내에서 은행으로부터 돈을 빌려서 사용할 수 있는 권한이 생기는 대출 계좌라는 이야기다. 일반적인 대출 특정 기간 동안 자금을 은 행으로부터 빌릴 경우 약속한 기간 중간에 먼저 갚으면 중도상 환 수수료를 내야 한다. 하지만 마이너스 통장은 아무 때나 먼저 갚아도 중도상환 수수료가 없다.

이처럼 수수료 부담 없이 사용이 편리하다는 점 때문에 특별한 이유 없이 마이너스 통장을 쓰고 있다면 빠른 시일 내에 없애자. 몇 년 전 학교 후배와 대화를 나눈 적이 있었다. 후배는 취업 후 500만 원 한도 마통을 개설했는데 여기서 종종 돈을 빼서쓴다며 "누나, 마통 하나 생기니까 지갑 하나 더 있는 기분이에요. 든든해요." "어이쿠. 너 같은 고객을 전문용어로 '호구'라고 한단다. 이자를 꼬박꼬박 물고 있는데 그게 어떻게 네 지갑이니? 이번 달 월급 받자마자 바로 갚아버리고 당장 없애는 게 좋겠다." 하고 타일렀다. 이처럼 이자는 꼬박꼬박 물고 있지만 체감이 잘 안 되어 주머니 속 블랙홀 같이 무서운 것이 '마통'이다.

냉정한 이야기지만, 은행은 우리 편이 아니다. 은행들은 주 거래 은행을 하나 정해서 거래해야 혜택이 많다고 홍보하는데, 사실 우리 같은 보통 사람들은 주거래 은행에서 열심히 적금도 넣고 급여 통장을 연결해도 그다지 혜택이 없다. 주거래 은행을 통해 혜택을 받으려면 은행의 PB센터를 이용할 수 있는 VIP 고객이 되어야 한다. 단순히 은행과 거래를 오래 했다고 좋은 대접을 받는 게 아니라는 이야기다.

평범한 사람들은 그래서 은행을 적금 들 때, 주택 담보 대출

받을 때, 주택 청약통장 만들 때만 이용하면 된다는 극단적인 이야기도 있다. 은행은 돈을 벌어 수익을 남기는 엄연한 기업이다. 여러분을 상대로 이자와 수수료를 벌어들이는 곳임을 기억해야 한다.

DAY	대출을 잘 사용하는 법
50	

check!

☐

To Do List

☐
☐
☐

우리는 살면서 금융기관에 저축을 하고 대출을 받기도 한다. 어떤 이들은 저축을 하는 도중에 목돈이 필요해지면 대출을 병행하는 경우가 있다. 그런데 기본적으로 대출이 있는 상태에서 동시에 저축을 하는 것은 대단히 비효율적임을 알아야 한다. 은행에서는 무조건 대출금리가 예·적금 금리보다 높기 때문이다. 2022년 11월 현재 시중은행들의 1년 만기 적금 금리는 대체로 2~3%대를 보이고 있다. 그런데 일반 신용대출 금리는 6~8%대가 대부분이다. 따라서 적금을 하는 도중에 대출 받을 일이 발생하면 일단 적금을 중단하고 대출 받을 금액을 최소화하는 것이 현명하다.

어떤 재테크 서적에선 더 높은 수익률을 낼 수 있다면 대출을 받아서 활용해야 한다고 조언하는 경우가 있다. 이런 것은 대출이자보다 높은 수익률을 올릴 수 있는 재테크 고수들이나 가능하다. 무엇보다도 빌린 돈은 '겁먹은 돈'이라서 과감함이 필요한 투자 자금으로는 절대로 사용해서는 안 된다. 특히나 저축 습관이 제대로 형성되지 않은 초보자는 빚 없이 생활하는 습관 익히기를 최우선 과제로 삼아야 한다.

다만, 대출을 무조건 외면해야 하는 것은 아니다. 어떤 대출은 잘 활용하는 게 좋기 때문이다. 바로 주택 담보 대출이 그것이다. 주택 담보 대출은 확실한 부동산 담보 덕분에 낮은 금리로 20~30년간 나눠 갚을 수 있어서다. 단기 소액 대출은 빨리 갚는 게 좋고(아예 안 받을 수 있으면 가장 좋다), 수십 년 나눠 갚는 장기 고액 대출은 천천히 갚는 것이 유리한 경우가 많다.

대출을 꼭 받아야 할 경우라면 대출을 이용하는 순서를 알아두자. TV나 인터넷에서 쉽게 접할 수 있는 대출 광고를 보고 대충 대출을 받으면 곤란하다. 우선적으로는 1금융권인 은행에서 최대한 대출을 해결해야 한다. 대출 금리가 가장 낮기 때문이다. 이때 신용대출을 바로 받으면 안 된다. 신용대출보다는 담보 대출 금리가 더 저렴해서다. 먼저 청약통장처럼 중간에 해지하지 않을 통장이 있다면 그 통장의 잔고를 담보로 하거나, 살고 있는 주택을 담보로 대출을 받아야 더 낮은 이자율이 적용된다. 신용대출은 그 다음에 고려하는 것이다. 은행에서 해결하지 못할 경우 그때 증권사나 보험사 등 2금융권을 알아보자.

특히 유의할 것은 미디어에서 흔히 접할 수 있는 대부업체에서 받는 대출은 최대한 피해야 한다는 점이다. 대개 '○○대부중개, △△대부' 등의 상호를 사용하는 곳이다. 이런 곳은 '여성전문'이니 '무직자도 가능'이니 하며 유혹하지만 대출 금리가 연 20%에 가까운 무시무시한 곳이다. 대출받기 쉽다고 가볍게 생각하다가는 큰코다칠 수 있다.

DAY 51

시작이 반이다

check!

☐

🔖 **To Do List**

☐
☐
☐

새벽 운동에 성공하기 위한 가장 중요한 단계가 뭔지 아는가? 바로 '눈 뜨면 즉시 침대에서 일어나 세수하기'다. 새벽 운동을 시작한 많은 사람이 알람 소리에 눈을 뜨고도 다시 자야 할 수천 가지 이유를 대며 다시 눈을 감는다. 하지만 일단 일어나서 침대에서 벗어나는 것만 성공한다면 운동은 저절로 되기 마련이다.

그런 의미에서 외식 업체인 스노우폭스 그룹의 김승호 회장이 저서 『돈의 속성』에서 제시한 돈을 모으는 네 가지 습관은 누구나 참고할 만하다.

1. 일어나자마자 기지개를 켜라.

2. 자고 일어난 이부자리를 잘 정리한다.

3. 아침 공복에 물 한 잔을 마셔라.

4. 일정한 시간에 자고 일정한 시간에 일어나라.

꽤 간단해 보이지만 의외로 제대로 못 하는 사람이 있을 것이다. 김승호 회장은 사소한 행동 안에 그 사람의 인생 전체가 그대로 들어 있다는 점을 우리에게 일깨워주고 있다. 그가 예로 든 사소하지만 위대한 행동이란, 하루를 마치고 저녁 잠자리에 들 때 자신이 잘 정리해놓은 침대로 들어가는 행위 같은 것이다. 평소 이렇게 하는 사람이라면 평범한 사람이 아니라 위대한 사람이며 이런 사소함이 인간을 위대하게 만든다는 것이 그의 이야기다.

재테크의 기본이라 할 수 있는 절약과 저축을 몸에 익히는 과정과도 일맥상통하는 이야기라고 볼 수 있다. 100만 원 챌린지에 참여한 당신은 일단 매일 이 책을 읽으며 두 달간 100만 원 만들기를 유지하기만 하면 된다. 두 달 지난 후 당신의 모습을 상상해보자. 시작은 누구나 할 수 있지만, 성공적으로 끝내는 것은 아무나 할 수 없다. 별것 아니라고 무시해버리면 그만이지만, 우리의 100만 원 챌린지를 해내는 것만으로도 절약과 저축으로 가는 시작점을 무사히 통과했다는 큰 의미를 얻을 수 있다. 이번 챌린지를 성공적으로 마무리하고 나면 더 이상 '아무나' '누구나'가 아닌 특별한 존재로 거듭날 것이다.

자기계발의 대가 데일 카네기도 이런 이야기를 했지만, 규칙을 읽는 것만으로는 아무것도 되지 않는다. 자신이 정한 규칙대로 살 수 있어야 한다. 실천이란 그만큼 중요한 것이다. 세계적인 투자의 귀재 워런 버핏 역시 비슷한 말을 했다. 인간은 습관의 동물이기 때문에 올바른 사고와 행동을 조금이라도 빨리 습관화해야 한다고 말이다.

이미 큰 빚을 지고 있다면

🗑 **To Do List**
☐
☐
☐

감당하기 힘들 정도로 커다란 빚을 지는 경우가 흔하지는 않다. 하지만 본의 아니게 큰 규모의 빚을 진 탓에 힘들어하는 사람들이 존재한다. 재테크를 하고 싶은 마음은 굴뚝같지만 이미 짊어지고 있는 부채가 상당한 수준이라면 투자할 생각보다는 이 부채를 정리하는 것이 최우선 순위가 되어야 한다. 상식적으로 생각해보자. 예금이자보다 대출이자가 더 높다.

100만 원 챌린지에 나선 여러분 중에는 무거운 빚으로 고통받는 사람이 없기를 바라지만, 혹시라도 빚을 어떻게 처리해야 할지 막막하고 고민이 큰 분들을 위해 빚을 다루는 방법에 대해 알아볼까 한다.

그동안 이자만 갚으면서 어떻게 되겠지 하고 시간만 보내고 있었다면, 일단 부채를 줄이겠다는 굳은 결심이 서야 한다. 의지가 있어야 행동으로 이어지는 법이다.

일단 부채 감축에 대한 결심이 섰다면 가장 먼저 부채 목록을 작성해야 한다. 각종 금융회사별로 빌린 금액에 대해 원금과 이자율, 남은 상환 기간 등 각각의 대출을 자세하게 정리한다. 다음에는 각 부채를 갚는 순서를 정한다. 대출 이자율이 높을수록 먼저 갚아야 한다. 이때 이자율이 더 저렴한 대출로 갈아탈 수 있다면 병행해도 좋다. 대부업체에서 연 20%대 대출을 받아서 힘들게 갚고 있다면 연 10%대 P2P금융 대출을 알아보고, 가능하다면 갈아타는 방법을 모색해본다. 보다 낮은 금리의 대출을 받아서 고금리 대출을 상환하면 매달 갚아나갈 금액이 조금이라도 줄어들 것이다. 이때 부채 내역은 갚아나가는 상황에 맞춰 계속 변화하므로, 이를 감안해 매월 점검하고 달라진 내용을 꾸준히 다시 정리한다.

아울러 부채뿐만 아니라 자산에 대한 현황도 목록을 작성한다. 그리고 보유한 자산 중에 팔아도 생활에 지장이 없는 것이라면 중고시장이나 당근마켓 등을 통해 최대한 팔아서 현금화한 후 대출 상환에 투입한다. 찾아보면 안 쓰는 물건들이 있을 것이다.

당연한 이야기겠지만 일상생활을 할 때는 허리띠를 졸라매고 지출 규모도 최대한 줄인다. 자동차를 처분하고 대중교통 이용하기, 외식 안 하기 등 새어 나가는 돈을 막는 노력이 필요하다.

새로운 소득원도 찾아야 한다. 현 직장에서 받는 급여만으로 부채를 감당하기 어렵다면 퇴근 후나 주말 시간을 활용해서 아르바이트를 시도해보자.

특히 혼자 힘으로는 도저히 감당하기 어려운 부채라면 가족과 친구 등 주변에 솔직하게 도움을 요청하자. 개인적 차원에서 도저히 해결하기 어려운 수준이면 채무조정제도의 도움을 받을 수 있다. 신용회복위원회의 개인 워크아웃, 금융회사들의 채무조정지원 프로그램, 법원의 개인 회생 및 개인 파산 제도 등이 있다.

DAY 53

돈을 빌려주기 전에 명심할 것들

check!

☐

☐ **To Do List**

☐

☐

☐

주변 사람들에게 돈을 빌려주거나 빌린 경험이 대부분 있을 것이다. 가족이나 친구, 선후배 등 지인에게 개인적으로 돈을 빌려줬다가 무사히 돌려받기도 하지만, 제때 갚지 않는 지인 때문에 남몰래 마음고생을 해본 적도 있을 것이다.

만일 주변 사람이 돈을 빌려달라고 요청을 한다면, 여러분은 빌려주기 전에 상대방에게 어떻게 되돌려 줄 것인지 상환 방법과 일정을 구체적으로 제시하라고 요구해야 한다. 아는 사이에 이렇게 하는 건 너무 야박하다는 생각이 드는가? 하지만 이건 전혀 무리한 요구가 아니다. 우리가 은행에서 대출받을 때 어떤 과정을 거치는지 생각해보자. 은행은 우리의 직장과 연봉, 신용도, 자산 등을 확인하고 그에 적정한 수준을 측정해 대출 금리를 결정하고 대출 최대금액 한도를 잡는다. 그리고 갚는 시점도 빌려주는 시점에서 미리 확정한다. 우리가 개인적으로 지인과 돈 거래를 할 때도 은행과 똑같이는 아니더라도 어느 정도 궤를 맞추는 과정을 거치면 시행착오를 줄일 수 있다.

살면서 가족이나 친구와 돈거래를 전혀 안 하고 살기는 어렵다. 하지만 아무래도 빌려줘야 하는 상황이라면 반드시 상환 방법과 일정을 미리 확인하고, 가급적이면 그 내용을 담은 차용증서를 작성하자. 사람 심리란 묘한 것이라서 작은 증서 한 장을 쓰고 도장을 찍거나 사인을 하고 나면, 돈을 빌리는 사람의 마음에는 꼭 갚아야 한다는 부담감이 생기게 된다.

지인에게 돈을 빌려줄 때 차용증을 썼다면 나중에 돈을 제때 돌려받지 못하게 되더라도 어느 정도 안전장치를 마련했다고 볼 수 있다. 하지만 차용증을 받아둔 것만으로는 부족하다. 법적 증거로 인정을 받기 위해서는 공증을 받아둬야 한다. 공증을 받으려면 법무부장관의 인가를 받은 공증사무소에서 공증 수수료를 지불해야 한다. 이렇게 공증을 거친 차용증이 확실한 안전장치다.

차용증은 반드시 거창한 문서형식을 갖추고 전문가의 손을 거쳐서 작성될 필요는 없다. 대충 종이에 간단하게 적어도 된다. 다만 꼭 필요한 내용이 있다. 차용증에는 채무 금액, 이자, 빌린 날짜, 갚는 날짜가 기재되어야 한다. 또한 채무자(돈을 빌리는 사람) 이름, 채무자 주민등록번호, 채무자 주소, 채무자 연락처와

서명도 들어가야 한다. 도장을 찍는 경우도 있겠지만 기왕이면 채무자의 자필서명이 좋다. 혹시라도 나중에 필적 감정이 필요할 수도 있기 때문이다. 만일 도장을 찍는다면 일반 도장이 아닌 관공서에 등록해놓은 인감도장을 찍도록 하자.

아는 사이에 돈을 빌려주면서 이런 번거로운 과정을 거쳐야 한다는 것에 회의감이 드는가? 한국인들은 사람 사이에 정을 중요하게 생각하니까 회의감이 생기는 사람이 많을 것이다. 하지만 돈이 필요하다며 빌려달라는 지인이 이런 안전장치를 두는 게 싫다고 한다면, 그런 사람에게 뭘 믿고 위험을 감수하면서 돈을 빌려줘야 할까?

몇십만 원 정도의 소액이라면 혹시라도 못 받는 일이 생기더라도 기분은 상할지언정 살아가는 데 큰 지장은 없으니 이런 경우까지 차용증을 쓰고 공증을 받아야 한다는 것은 아니다. 하지만 수백, 수천, 혹은 수억 원이나 되는 큰돈을 빌려주거나 빌리는 경우라면 얘기가 다르다. 어쩌면 그 돈 때문에 당신과 당신 가족의 인생이 낭패를 볼 수도 있다.

유명 연예인들의 가족이 연예인 이름을 팔아서 주변 사람들에게 거액을 빌렸다가 갚지 않아서 물의를 빚는 이른바 '빚투' 사건이 이따금 뉴스에서 흘러나온다. 이런 경우가 차용증을 제대로 쓰지 않고 큰돈을 내줬기 때문에 생긴 일이라고 볼 수 있다. 물론 빌린 돈을 갚지 않은 사람의 죄가 가장 크긴 하지만, 결국 피해는 내 돈을 제대로 지킬 안전장치를 미리 준비하지 않은 나에게 돌아올 뿐이다. 사고가 난 후에 수습하는 것보다는 사고가 나지 않게끔 방지하는 게 훨씬 효율적이지 않을까.

　빌려준 돈을 나중에 무사히 받아내는 것은 빌리기 전에 차용증을 요구하는 것보다 훨씬 더 어렵다는 것을 명심하자. 내 돈이지만 돌려달라고 전화를 하거나 문자를 보낼 때 얼마나 망설여지는가. '앉아서 주고 서서 받는다'는 속담이 괜히 생긴 게 아니다. 당신이 무사히 돈을 돌려받을 수 있을지 관심 있는 사람은 오직 당신뿐이다. 당신만 절실하다. 이런 상황에 처하기 싫다면 아예 다른 사람에게 돈을 절대로 빌려주지 말라. 지인에게 본인의 돈을 그냥 주는 게 아닌 이상, 지인과의 돈거래는 그래서 더욱 철저해야 한다. 가까운 사람들일수록 돈 문제에 더 철저해야 관계를 해치지 않는다. 돈 문제 처리 매너가 당신의 진짜 맨얼굴을 드러낸다.

재테크 공부는 미리미리

👆 **To Do List**

□
□
□

'돈이 있어야 재테크를 공부하든 말든 하지. 지금 당장 돈 한 푼 없는데 무슨 재테크냐'고 생각하는 사람들을 주변에서 흔히 본다. 이런 사람들은 막상 갑자기 큰돈이 생기면 관리 능력이 없어서 그 돈을 제대로 투자하지 못한다. '기회의 여신은 앞머리는 무성하지만 뒤통수는 대머리'라는 이야기가 있다. 미리 준비된 사람은 나타난 기회를 바로 낚아챌 수 있지만, 준비된 게 없는 사람은 기회가 나타나도 알아보지 못할 가능성이 크고, 알아본다 해도 머뭇거리다가 기회가 스쳐 지나가 결국 놓칠 수밖에 없다는 얘기다.

필자 주변에도 이런 사람이 있다. 이직하면서 연봉이 훌쩍 뛰어 저축 액수가 크게 늘어나고 있는 상황이었다. 이 자금을 어떻게 하는 게 좋을지 고민이라 하기에 제법 큰 규모가 되기 전에 재테크 공부를 진지하게 해보라고 얘기해준 적이 있다. 혼자서는 막막할 수 있으니 투자에 대한 지식을 배울 수 있는 강연도 몇 개 소개해주고 제발 주말에라도 시간 내서 들어보라고 했었다. 하지만 수억 원 넘는 현금 자산이 쌓이고 있는 지금도 지인은 최저수준 금리로 예금과 적금만 반복하고 있다. 섣불리 투자해 까먹는 것보다야 물론 이 정도 현상 유지라도 하는 게 그나마 다행이다 싶긴 하다.

이 사람의 경우에는 경제적 여건이 좋은 상황에서 자금을 굴리는 지식이 부족하다는 것일 뿐 사는 데 큰 문제가 발생한 것까지는 아니다. 하지만 이런 운 좋은 경우가 아닌, 사회초년생처럼 종잣돈도 없고 이제 재테크를 시작하는 단계에 있는 사람들은 상황이 다르다. 공부할 내용이 쉽지 않다는 이유로 재테크 공부를 외면하는 것은 인생의 큰 위험 요소가 될 수 있기 때문이다. 지금 당장 돈이 없다고 재테크 공부를 멀리하는 사람은 나중에 돈이 생겨도 못한다. 지식은 벼락치기로 어떻게 익히더라도, 내 돈을 조금씩 직접 굴리면서 적은 돈으로 계속 투자 경험을 쌓아야 나중에 큰돈을 운용할 수 있다. 100만 원이 10% 하락하면 손실이 난 금액은 10만 원에 그치지만, 1억 원이 10% 하락하면 손실 금액은 무려 1,000만 원이나 된다. 경험이 부족한 상황에서 갑자기 거액을 투자했다가 이런 손실을 겪게 되면 그 충격이 훨씬 크다. 등락이 반복되는 변화무쌍한 투자 상황에 직면했을 때

당황하지 않고 대응하려면 미리 재테크 지식을 쌓으면서 실전 투자를 병행하는 식으로 훈련을 해야 한다. 유비무환有備無患은 나라를 지키는 군인들만 갖춰야 할 덕목이 아니다.

종잣돈을 일정 규모 이상이 될 때까지 쌓아가는 데에는 수년의 시간이 걸린다. 그 사이 각종 경제 뉴스와 책을 읽으며 기초를 쌓고, 재테크 커뮤니티라든가 교육기관의 도움을 받으며 재테크에 대한 지식을 익혀두어야 한다. 이렇게 해놓지 않으면 그간 모아놓은 종잣돈이 수억 원대로 쌓였을 때 어설픈 지식이나 남들이 하는 이야기를 듣고 투자했다가 소중한 돈을 날리는 불행을 겪을 수 있다.

DAY
55

숫자에 겁먹지 말자

check!

☐

🎯 **To Do List**

☐

☐

☐

재테크를 못 하겠다는 사람 중에 숫자가 싫어서 재테크도 관심 없다고 하는 경우가 있다. 아니, 숫자가 싫다니? 당신이 좋아하는 '돈'이 바로 숫자로 표시되지 않나. 월급도 본인 계좌에 숫자로 표시된다. 당신이 싫은 건 '숫자'가 아니라 '복잡한 것'이다. 복잡해 보이니까 분명히 내용이 어려울 거고, 내 수준에서는 제대로 배우지 못할 것 같은 두려움을 느끼고 있을 가능성이 크다. 키가 안 닿는 곳에 있는 포도를 보고 "저건 시어서 맛없을 거야" 하고 외면하는 이솝우화 속 여우처럼, 돈이라는 포도가 먹고 싶으면서도 먹기 위해 어떤 시도도 해보지 않고 '관심 없다'는 한마디로 외면하는 것일 수도 있다.

과거에 비하면 지금은 투자하는 사람들이 많이 늘어난 분위기인 것 같긴 하다. 하지만 주식이 됐든 부동산이 됐든 투자를 반드시 해야 한다는 내용의 글에는 이를 못마땅하게 여기는 뉘앙스의 댓글이 종종 따라붙곤 한다. 예를 들면 '티끌 모아 티끌인데 개미들이 투자해봤자'라든가 '돈만 날리고 패가망신해야 정신 차린다' 등의 냉소적인 글이다. 기자 생활을 오래 하면서 내가 썼던 여러 기사에서 이런 류의 댓글 본 경험이 적지 않다. 하지만 냉소를 보내며 비판하기는 쉽지만 행동하며 무언가를 이루는 것은 아무나 할 수 없다. 한 번쯤 가슴에 손을 얹고 생각해 볼 일이다. 투자에 부정적인 사람이 돈도 싫어하는지 말이다.

우리는 우리에게 발생하는 상황 자체에 어떤 영향을 미치기는 어렵지만, 그 상황을 대하는 마음은 다르게 먹을 수 있다. 재테크를 복잡한 게 아니라 쉬운 것이라고 생각해보자. 누구나 할 수 있는 것이 재테크다. 실제로 재테크 기본 원리는 사실 아주 쉽다. '아껴서, 모아서, 굴린다.' 이상 끝! 투자 원리도 마찬가지다. '싸게 사서 비쌀 때 판다.' 이게 전부다.

입시 철만 되면 우수한 성적으로 합격한 학생의 합격 수기에 관심이 쏠리기 마련이다. 그런데 이런 합격 수기를 보면 '학교 수업을 충실히 듣고 예습 복습을 철저히 했다'는 그야말로 교과서 같은 얘기가 의외로 많다. 뉴스에서 별로 못 봤다고? 그야 언론은 특별한 스토리가 있을 때만 다루니 이런 평범한 얘기는 뉴스 가치가 떨어져서 다루지 않는 것이다.

하지만 진리는 단순한 데 있다. 기본에 충실하게 꾸준히 하는 것보다 더 좋은 노하우는 없다. 재테크는 머리 좋은 사람보다는 인내심 있는 사람이 이기는 게임이다. 일단 시작하고, 멈추지 않으면 된다.

두렵지만
투자해야 하는 이유

🦾 **To Do List**
□
□
□

많은 사람이 예·적금만 고집한다. 주식과 부동산, 기타 투자는 잘만 하면 높을 수익률을 낼 수도 있지만, 자칫 잘못하면 원금을 잃을 수 있는 위험이 있다. 하지만 예·적금은 원금과 이자를 합해서 5,000만 원까지는 보장된다는 점 때문에 투자에 대한 지식이 없는 사람이라도 손해를 보지 않을 수 있다는 믿음이 있다.

하지만 세상이 호락호락하지 않다. 투자해서 원금을 잃는 것도 무섭지만 예·적금만 하다 보면 가만히 앉아 당할 위험이 크다. 공무원이 아닌 일반 직장은 정년을 보장하지 않기 때문에 40대만 되면 자리를 잃을까 걱정해야 한다. 어디 그뿐인가. 꾸준히 오르는 물가는 내가 가만히 있어도 계속 내 자산을 야금야금 갉아먹는다.

'브라운스톤'이라는 닉네임으로 알려진 투자자가 있었다. 그는 평범한 직장인이었지만 끊임없이 투자하며 45억 원의 자산을 모아 조기 은퇴에 성공한 후 2004년에 『내 안의 부자를 깨워라』라는 책을 썼다.

그는 재테크 초반에 결혼 비용까지 아껴서 마련한 500만 원을 투자해서 50억 원까지 불리는 데 성공했으나 이를 고스란히 날리기도 했고, 분당 아파트를 최고가에 사들였다가 큰 손해를 입기도 했다. 그러나 그는 투자 실패를 하는 과정에서 재테크 방법을 제대로 공부하게 되었고 이후 우량한 주식과 부동산에 투자한 것이 결실로 돌아와 인생을 즐길 수 있을 만큼 충분한 부를 이룬 뒤 40대 초반에 은퇴에 성공했다. 요즘에는 이렇게 재테크에 성공해 조기 은퇴하는 이들을 '파이어 족'이라고 한다. 그는 이런 용어가 없던 시절에 앞서서 파이어 족이 되는 데 성공했던 것이다.

언제 잘릴지 몰라 전전긍긍하는 직장 선배와 똑같은 처지가 되기 싫었던 브라운스톤은 아무것도 투자하지 않는 게 가장 위험하다는 생각에 두려움을 무릅쓰고 투자했고 마침내 경제적 자유를 얻었다. 도전하지 않으면 아무것도 얻을 수 없다. 투자는 모르면 위험하지만 공부해서 알고 나면 잃을 위험성이 낮아진다. 그러니 공부해야 한다.

재테크 공부, 대체 어떻게 시작하나?

☝ **To Do List**

☐

☐

☐

여러분은 경제뉴스를 편안하게 읽을 수 있는가? 그렇지 않다면 지금이라도 당장 경제뉴스 읽는 훈련을 시작하라. 처음엔 제대로 읽기 힘들 수 있다. 모르는 용어들이 많이 나오기 때문이다. 국문학과 출신인 나도 대학 시절 경제신문을 제대로 이해하는 데 1년 정도 걸렸다. 언론사 입사시험 준비를 시작하면서 신문을 꼼꼼히 읽기 시작한 것인데, 경제니, 산업이니, 투자니 하는 말이 낯설었지만 꾸준히 읽다 보니 조금씩 이해하게 됐다. 경제잡지를 읽어보는 것도 좋다. 주간이나 월간 단위로 경제와 산업, 금융시장의 흐름을 묶어서 이해하기 좋다.

재테크 분야 기본 서적도 찾아서 읽어보며 기초를 익히자. 재테크를 처음 배우던 시절에 도움받았던 책 몇 권을 골라보자면『내 안의 부자를 깨워라』(브라운스톤 지음),『돈 버는 사람은 분명 따로 있다』(이상건 지음),『아기곰의 재테크 불변의 법칙』(아기곰 지음) 등이 있다. 절판된 책은 도서관에서 빌려보거나 중고책 서점에서 구하면 된다. 출간된 지 좀 지난 책이지만 기본 원칙은 변하지 않으니 읽어보면 좋다. 최근에 복습 차원에서 다시 읽어봤는데 여전히 고개를 끄덕이며 읽을 수 있었다.

시중에 나와 있는 여러 재테크 서적들을 읽을 때는 유의할 점이 있다. 첫째는 저자의 직업을 감안해서 이해해야 한다는 것이다. 저자가 재무설계 전문가인 경우에는 연금이나 보험 등 금융상품의 중요성을 강조하고 부동산을 별로 언급하지 않는 경우가 있다. 거꾸로 부동산 전문가는 주로 부동산 투자에 대해서만 다루고 금융에 대해서는 건너뛰는 경향이 있다.

또 '몇 년 만에 얼마를 벌었다'는 내용으로 투자 성공기를 다룬 책들은 참고할 부분이 있긴 하지만 그 내용을 무조건 진리로 받아들여서는 안 된다. 다양한 성공기를 읽어보면서 여러 성공 노하우들의 공통분모를 찾아내고 각자 자신에게 잘 맞는 것을 찾아내는 노력이 필요하다.

오랫동안 금융기자로 활동했지만 부동산으로 월세 받는 시스템을 구축한 뒤로 금융투자와 부동산투자의 상호보완성을 많이 느꼈다. 금융이든 부동산이든 큰 틀의 투자 기본기는 비슷하기도 하고, 투자와 관련된 지식이 풍부하면 그만큼 돈 버는 방법을 다양하게 구사할 수 있다. 많이 알아서 나쁠 것이 없다. 투자 대상의 성격에 따라 몇 개월에서 몇 년까지 투자 자금은 운용되는 주기가 다르고 활용 방법도 제각각이다. 이를 적절히 활용하면 좋다.

재테크 관련 동호회 중에도 좋은 곳이 많다. △맞벌이부부 10년 10억 만들기(다음) △짠돌이(다음) △월급쟁이 재테크 연구 카페(네이버) 등이 있다. 이들 카페에서 재테크 고수들이 연재하는 칼럼도 볼 만하고, 하루하루 열심히 아끼고 투자하는 보통 사람들의 사는 모습에서 배우는 것도 많다. 주식을 비롯한 금융투자 커뮤니티 중에는 △가치투자연구소(네이버) △보수적인 투자자는 마음이 편하다(네이버)에 건전한 마인드로 투자하는 분들이 많다. 부동산 커뮤니티 중에는 경매에 강점이 있는 △행복재테크(다음)가 알차다.

재테크도 학원에서 도움을 받을 수 있다. 우리가 학교에서 부족한 부분을 배우러 학원에 가듯이 말이다. 위에 소개한 재테크 커뮤니티들이 자체적으로 운영하는 아카데미 가운데서도 좋은 평가를 받는 곳이 많다. 이 밖에도 성인 대상 교육기관 중에서 퇴근 시간 이후나 주말에 기본적인 경제 교육이나 월급 관리 요령을 알려주는 단기 교육과정을 운영하는 곳도 있으니 살펴보자. 요즘에는 인터넷으로 조금만 검색해보면 재테크 스터디 모임을 어렵지 않게 찾을 수 있으니 눈높이에 맞는 곳을 골라서 참여해도 좋겠다.

일반적인 재테크를 어느 정도 이해한 다음에는 한 걸음 더 들어가 분야별 전문적인 투자를 배울 수 있는 곳도 있다. 주식 평가 기법을 배울 수 있는 교육기관도 있으며, 부동산 경매 학원도 어렵지 않게 찾아볼 수 있다. 관심 가는 분야가 있으면 사전에 조사해보고 이용자들의 후기들을 참고하면 각자에게 적합한 곳에서 도움을 받을 수 있을 것이다.

DAY
58

재테크 분야에는 뭐가 있나

check!

☐

🔥 To Do List

☐
☐
☐

　　절약과 저축을 병행하면 곧 목돈이 생긴다. 목돈 굴리는 게 재테크다. 재테크 분야는 크게 예·적금, 주식과 부동산, 기타로 나뉜다. 예·적금은 원금과 이자를 합해서 5,000만 원까지 보장된다. 그 대신 이자율이 상대적으로 낮기 때문에 목돈 모으는 수단으로만 활용하고 다음 투자 단계로 넘어가야 한다.

　　주식은 기업 소유권을 나타내는 증서다. 어느 기업이 주당 만 원에 발행한 주식은 거래되면서 10만 원으로 오르거나 5,000원으로 떨어질 수도 있다. 적절한 상황에 매매하면 차익을 얻는다. 이와 달리 꾸준히 보유하면서 기업에 따라 1년에 1~4회 이뤄지는 배당금을 받을 목적으로 투자할 수도 있다. 쉽게 사고팔 수 있어 환금성이 좋다. 하지만 단기간에 높은 수익률을 낼 수도 있고 환금성이 좋다 보니 수시로 사고파는 단타의 유혹에 넘어가기 쉬운 게 흠이다. 직장 생활을 하면서 주식을 하려면 느긋하게 투자할 수 있는 마음을 다스리는 법을 함께 공부해야 한다. 요즘에는 해외주식을 직접 거래할 수 있는 서비스가 늘어났다. 국내 시장보다 해외 쪽에 관심이 있다면 도전해볼 만하다.

주식은 직접 개별 종목을 선택해서 사고팔 수 있지만, 상장된 종목이 많기 때문에 종목 발굴에 공이 많이 들어간다. 그래서 주식을 한데 모아놓은 펀드에 투자하는 방법도 있다.

부동산은 매매차익을 내는 투자와 꾸준한 월수입을 기대하는 수익형 투자로 나뉜다. 상품으로 보면 아파트, 단독주택, 빌라 등 주거용 건물과 상가, 빌딩, 오피스텔, 토지 등이 있다. 싸게 구입하는 기술로는 경매, 공매, 급매가 있다. 부동산은 주식이나 예·적금에 비해 작게는 수천만 원에서 크게는 수억 원이 필요하다. 매매하는 데 시간이 걸리기 때문에 환금성이 떨어진다. 매매에 시간이 걸리는 문제도 있지만, 세금이나 중개 수수료도 적지 않기 때문에 자주 사고팔면 수익성을 까먹기 쉬우므로 비교적 중장기적인 시각으로 접근해야 한다.

기타 투자 대상에는 금, 외환, 선물, 가상화폐, P2P(개인간) 금융, 조각 투자(미술품, 음원, 영화 등) 등이 있다. 금은 금괴 형태의 실물을 전문 금거래소나 우체국 등을 통해 매매할 수도 있고, 은행에서 금 통장(골드뱅킹)에 가입하는 것으로도 할 수 있다. 금통장은 고객이 은행에 금 투자용으로 만든 계좌에 돈을 넣으면

국제 금 시세 및 환율에 따라 해당 금액만큼 금을 계좌에 적립하는 금융상품이다. 금 통장은 0.01g 단위로 적립식 매수를 할 수 있다. 또 한국거래소(KRX)에서 주식처럼 거래하는 금 종목(1kg 금괴, 100g 금괴)에 투자할 수도 있다. KRX 금 거래는 1g 단위로 할 수 있어서 7만 원 대의 비교적 소액으로도 금 투자를 할 수 있다. 또는 금광 등 금 관련 기업 주식에 투자하는 금 펀드에 투자하는 방법도 있다.

재테크도 적성에 따라 골라야 한다

☝ To Do List

☐

☐

☐

적성은 장래 희망을 찾을 때만 필요한 게 아니다. 재테크에서도 꼭 고려해야 한다. 사람마다 자기가 잘 맞는 분야가 따로 있어서다.

주부들이 가장 잘할 수 있는 투자 분야는 주택, 특히 아파트다. 주부들은 본능적으로 역세권, 좋은 학군, 남향, 로열층, 로열동 등 좋은 아파트의 핵심 요소를 알아보기 때문이다. 주식은 여성보다는 남성들이 더 많이 투자하는 경향이 있는데, 이는 주식 분야에 소비재, 첨단기술, 바이오, 기계, 금융 등 비교적 전문 산업 분야들이 망라되어 있어서인 것 같다. 물론 재테크 분야별 성적표가 꼭 성별에 좌우되는 건 아니다. 여성 투자자 중에서도 주식으로 좋은 성과를 낸 사람들이 있고, 남성이지만 아파트 투자의 고수들이 있으니까 말이다.

사업가 기질이 있다면 상가 투자에서 성과를 거둘 가능성이 높다고 볼 수 있다. 이름난 상가투자자 배용환 서울휘닷컴 대표가 저서 『서울휘의 월급받는 알짜상가에 투자하라』에서 지적했다시피, 상가에 투자할 때는 자신이 그 사업을 하는 경영자라고 생각하면서 접근하면 실패할 위험이 적다.

주식투자자는 투자한 기업에 궁금한 점이 있으면 해당 기업에 전화를 걸어서 물어보거나 직접 주주총회에 참석하기도 한다. 하지만 소심해서 기업에 전화하거나 주주총회 참석은 죽어도 못하겠다는 사람도 있다. 이런 사람은 책상 앞에서 재무 수치를 중심으로 분석하는 투자가 어울린다.

부동산 경매는 정신력이 강한 사람이 좋을 것이다. 낙찰받은 부동산을 점유한 사람을 내보내는 것을 명도라고 하는데, 명도 과정에서 스트레스 받을 일이 적지 않기 때문이다.

재테크할 때 꼭 고려할 점은 자신의 위험 감수 수준을 알아야 한다는 것이다. 원금 손실은 죽어도 못 견딘다면 은행 예금과 적금을 열심히 하자. 다만 안전함과 수익률은 반비례한다는 것을 명심하자. 원금 보장이란 곧 자산이 늘어나는 속도가 매우 느리다는 뜻이기도 하다.

투자성향은 변하기도 한다. 각자 사정상 지금보다 더 높은 수익이 필요하게 된다면 극복하고자 하는 마음이 생기기 때문이다. 현재는 공부한 것도 없고 경험도 없어서 막연히 무섭지만 재테크를 열심히 공부해서 약간의 위험을 감수할 마음의 준비가 되면 조금씩 리스크를 안고 수익률을 높이는 투자로 나아갈 수 있다. 리스크를 안고 하는 투자라고 해도 충분히 준비하면 원금을 잃는 일은 최소화하면서 투자할 수 있다. 막연한 두려움보다 수업료를 내는 과정이라고 생각하며 조금씩 전진하는 용기가 필요하다. 다만 이런 수업료를 과도하게 지불하면 곤란하다. 수업료는 수업료에 그쳐야 한다. 준비가 덜 된 상태로 일단 저질렀다가 크게 잃게 되면 아예 재기하기 어려운 상황에 처할 수도 있다.

DAY 60

10억 만들기의 빛과 그림자

check!

☐

🧹 **To Do List**

☐
☐
☐

'10억 만들기'라는 키워드는 지금도 많은 사람에게 통하는 마법의 용어다. 나의 블로그에 검색 키워드 중 '10억 만들기'로 들어오는 분들이 꾸준히 있는 것을 보면 10억 만들기 노하우가 궁금한 사람들이 많은 모양이다. 블로그에 올려놓은 [2030 직장인, '10억 만들기' 열풍(중앙일보 이코노미스트, 2003.08.12)]이라는 기사는 무려 19년 전에 썼던 기사인데 놀랍게도 아직도 읽히고 있다.

10억 만들기라는 용어는 왜 재테크에서 특별한 의미를 지니게 됐을까? 어느 금융사에서 부자의 기준이 얼마냐는 조사 결과도 있었고, 유명한 재테크 카페 이름 '맞벌이 부부 10년 10억 만들기'도 기여한 듯하다. 지금도 자산이 10억 원 넘는 사람이라면 비교적 재테크를 잘한 것으로 볼 수 있으니 분명 의미 있는 규모인 것은 맞다.

그런데 내가 볼 때 10억 만들기와 관련해 아무런 의미 없는 질문이 하나 있다. 바로 '한 달에 얼마씩 모아야 10억을 모을 수 있느냐'는 것이다. 이런 계산은 사람들 마음에 나쁜 영향을 준다는 게 내 생각이다. '10억 원을 만들려면 10원 한 장 안 쓰고도 이렇게 오랜 기간이 걸리는데 나 같이 쥐꼬리 월급을 받는 사람이 무슨 재테크냐'하고 지레 포기하게 만들기 때문이다. '10억 만들기'라는 말을 접하는 순간 자기 자신이 초라해 보이면서 재테크 의욕도 꺾이고 마는 것이다.

하지만 이런 계산은 전혀 의미가 없다. 처음 1억 원 정도까지는 저축의 힘이 크지만, 그 이후부터는 저축과 투자를 병행하면서 자산이 서서히 덩치를 불려가는 것이기 때문이다. 또 이직이나 승진으로 연봉이 껑충 뛰는 순간도 나타나게 마련이다. 저축 규모는 우리의 사회 경력이 늘어나는 것과 발맞춰 시간이 갈수록 점점 커진다.

눈사람을 만들려면 일단 눈을 뭉쳐서 작은 눈 덩어리를 만드는 초기 준비과정이 필요하다. 최소한 이 작은 눈덩이, 즉 종잣돈을 만들어야 이것을 굴려서 큰 눈덩이로 키울 수 있다. 투자만으로 세계 3위 부자에 오른 워런 버핏의 전기서적 제목이 괜히 『스노볼Snowball』로 정해진 게 아니다.

우리가 재테크의 길로 들어설 때는 '10억 만들기'라는 엄청

난 규모에 미리 기죽을 필요가 전혀 없다. 종잣돈을 만들 때는 대나무가 성장하면서 마디를 하나씩 형성하듯이 100만 원, 1,000만 원, 1억 원 등 저축의 마디를 하나씩 만들어 가면 된다. 중간에 작은 목표지점을 두고 달성하는 즐거움을 맛보는 것이다. 그런 과정을 거치면서 서서히 종잣돈 덩치가 커지게 된다.

꿈은 크게 꾸는 게 좋다고 하지만 재테크를 할 때는 현실적인 수준으로 시작하는 것이 좋다고 생각한다. 처음부터 10억, 100억을 모으겠다, 이렇게 시작하면 무리를 하게 되어 사고가 날 수 있다. 짧은 기간에 큰돈을 벌려면 엄청나게 큰 리스크를 안아야 하기 때문이다. 하지만 우리 같은 보통 사람들은 큰물에서 노는 사업가들이 아니다. 사업가들이야 큰 꿈을 이루기 위해 그렇게 할 수 있겠지만 우리는 적은 월급을 아껴 모아 굴려야 한다는 것을 잊어서는 안 된다. 특히 우리에게는 잃지 않는 재테크가 중요하다. 우리는 잃을 때 적게 잃어야 한다. '인생 한 방'은 우리가 절대적으로 멀리해야 할 용어다.

다시 저축의 마디 얘기로 돌아오면, 사람 마음이란 묘한 것이라서 99만 원에서 몇만 원 꺼내 쓰기는 쉽지만 100만 원을 허물 때는 약간 망설여진다. 돈을 모을 때도 목표금액을 '83만 원'이나 '78만 원'을 목표로 하는 저축은 왠지 어색하다. 100만 원, 500만 원, 1,000만 원 등 딱 떨어지는 금액을 만들어야 마음에 빗장을 채우는 효과가 있다. 이때 처음부터 1억 원을 목표로 하지는 말고, 100만 원, 500만 원, 1,000만 원 등을 순차적으로 목표로 삼으면 된다. 사회초년생이라면 1,000만 원을 목표로 시작해보면 된다. 일단 목표를 달성해본 사람과 그렇지 않은 사람은 그 이후의 인생이 크게 달라질 것이다.

아울러 1억 원 달성에 성공한다면 그렇지 않은 사람들과 정말 큰 격차로 벌어질 수 있다. 1,000만 원을 달성한 후 1억 원까지는 시간이 꽤 걸리지만 해내고 나면 1,000만 원이나 5,000만 원과는 비교할 수 없는 뿌듯한 성취감을 맛볼 수 있다. 무엇보다 1억 원은 안정된 주거지를 마련하기 위한 최소 출발점이라고 생각할 수 있다. 주택, 상가 등 부동산은 적어도 1억 원 정도 마련된 이후에 도전해 볼 수 있기 때문이다.

거듭 말하지만 10억 만들기는 월급을 모아서 이루는 게 아니다. 몇천만 원이라도 종잣돈을 모아 굴려 나가면서 1억 원, 2억 원 하는 식으로 차츰 불려가다 보면 언젠가 도달하게 되는 것이다. '쥐꼬리만 한 내 월급으로 재테크는 턱도 없다'고 생각하며 탕진잼에 빠지지 말자. 인생에 전혀 도움이 되지 않는다.

에필로그

　드디어 60일까지 완료했다! 여기까지 무사히 온 자기 자신을 칭찬하자! 지난 두 달간 우리가 함께해냈던 과정이 하나둘 떠오르는 순간이다. 우리가 처음 100만 원 챌린지를 시작했을 때를 떠올려보자.

　왜 돈 모으는 습관을 익혀야겠다고 마음먹었을까? 돈 쓰는 패턴과 씀씀이를 들여다보고 자산도 파악해보았다. 일상 속 각종 절약하는 방법을 하나하나 알아보면서 물과 전기 등 일상생활 속에서 나도 모르게 절약하는 방법을 몸에 익혔다. 할부로 물건을 구입하는 습관을 바로잡고 적은 비용만 쓰거나 비용을 들이지 않고도 즐겁게 지낼 수 있는 다양한 방법도 알아보았다. 가계부 쓰는 방법과 통장 쪼개기, 저축하는 요령을 배웠으며 재테크에 대한 기본 이론도 살펴보았다.

두 달 동안 이 책을 읽으면서 절약하고 저축하는 마음을 체화하는 데 도움이 되었는지 모르겠다. 귀찮은 마음에 100만 원 챌린지고 뭐고 중간에 멈추고 싶은 마음이 들지는 않았는가? 사람이란 본래 그런 존재이므로 그런 마음이 들었다 해도 너무 자책하지는 말자. 목표한 바를 이루려고 꾸준히 마음을 다잡았던 여러분은 아주 훌륭하다.

이번 100만 원 챌린지에 도전하고 성공을 이룬 것을 바탕으로 또다시 새로운 목표를 설정해 달리고자 한다면, 언제든 이 책을 다시 펼쳐보자. 여러분의 러닝메이트로서 함께 달려줄 것이다. 초심이 필요한 순간에는 1일부터 한 걸음씩 다시 시작하면 된다.

마지막으로 하나만 추가. 우리처럼 아끼고 저축하면서 재테크를 실천하는 사람들은 목표를 향해 질주하다가 중간에 잠깐 쉬어가는 시간을 줘도 좋다. 그게 오히려 장기간 유지하는 데 도움 된다. 나 역시 평소 열심히 생활하다가, 가끔은 경치 좋은 곳으로 당일치기 드라이브를 간다. 기름값만 들이는 아주 작은 여행이지만 기분 전환하고 돌아오면 일상을 다시 열심히 살아갈 용기가 북돋을 것이다. 우리가 돈을 모으려고 하는 근본적인 배경은 돈 그 자체가 아니라 행복해지기 위함이라는 걸 잊지 말기를 바란다.

참고서적

- 『4개의 통장』, 고경호 지음, 다산북스, 2009
- 『가난한 리처드의 달력』, 벤자민 프랭클린 지음, 조민호 옮김,
  휴먼하우스, 2018
- 『내 안의 부자를 깨워라』, 브라운스톤(우석) 지음, 오픈마인드, 2004
- 『누가 내 지갑을 조종하는가』, 마틴 린드스트롬 지음, 박세연 옮김,
  웅진지식하우스, 2012
- 『돈의 속성』, 김승호, 스노우폭스북스, 2020
- 『맥스웰 몰츠 성공의 법칙』, 맥스웰 몰츠 지음, 공병호 옮김,
  비즈니스북스, 2010
- 『새무얼 스마일즈의 인격론』, 새무얼 스마일즈 지음, 정준희 옮김,
  21세기북스, 2005
- 『새무얼 스마일즈의 자조론』, 새무얼 스마일즈 지음, 김유신 옮김,
  21세기북스, 2021
- 『서울휘의 월급 받는 알짜상가에 투자하라』, 서울휘(배용환) 지음,
  국일증권경제연구소, 2018
- 『아주 작은 반복의 힘』, 로버트 마우어 지음, 장원철 옮김,
  스몰빅라이프, 2016
- 『철학이 필요한 시간』, 강신주 지음, 사계절, 2011
- 『혼다 세이로쿠의 나의 재산 고백』, 혼다 세이로쿠 지음, 김혜숙 옮김,
  삼각형비즈, 2006

부동산 주식 코인
그 위에 절약

초판 1쇄 발행 2023년 2월 10일

지은이 이혜경
펴낸이 서재필
책임편집 김현서

펴낸곳 마인드빌딩
출판등록 2018년 1월 11일 제395-2018-000009호
전화 02)3153-1330
이메일 mindbuilders@naver.com

ISBN 979-11-92886-02-2 (03320)

- 책값은 뒤표지에 있습니다.
- 잘못된 책은 구입하신 곳에서 바꿔드립니다.

마인드빌딩에서는 여러분의 투고 원고를 기다리고 있습니다. 출판하고 싶은 원고가 있는 분은 mindbuilders@naver.com으로 기획 의도와 간단한 개요를 연락처와 함께 보내주시기 바랍니다.